RAUL POMPEIA

Dados Internacionais de Catalogação na Publicação (CIP)
(Câmara Brasileira do Livro, SP, Brasil)

Corrêa, Rubens Arantes
  Raul Pompeia / Rubens Arantes Corrêa. --
1. ed. -- São Paulo : Ícone, 2010. -- (Coleção
pensamento americano)

  ISBN 978-85-274-1116-5

  1. Escritores brasileiros - Biografia
2. Pompeia, Raul, 1863-1895 I. Título. II. Série.

10-05049   CDD-928.699

Índices para catálogo sistemático:

1. Escritores brasileiros : Biografia   928.699

RAUL POMPEIA

Rubens Arantes Corrêa

Pensamento Americano

1ª edição
Brasil – 2010

ícone
editora

© Copyright 2010
Ícone Editora Ltda.

Coleção Pensamento Americano

Capa e diagramação
Richard Veiga

Revisão
Juliana Biggi
Saulo C. Rêgo Barros

Proibida a reprodução total ou parcial desta obra, de qualquer forma ou meio eletrônico, mecânico, inclusive através de processos xerográficos, sem permissão expressa do editor (Lei n° 9.610/98).

Todos os direitos reservados à
ÍCONE EDITORA LTDA.
Rua Anhanguera, 56 – Barra Funda
CEP 01135-000 – São Paulo – SP
Tel./Fax.: (11) 3392-7771
www.iconeeditora.com.br
e-mail: iconevendas@iconeeditora.com.br

Índice

Parte I
Vida e Obra, 7
    O Colégio Abílio, 10
    O Colégio Pedro II, 12
    O primeiro romance, 14
    A Faculdade de Direito de São Paulo, 15
    Um romance antimonárquico, 18
    Canções sem Metro, 19
    Em Recife, 20
    A obra-prima: *O Ateneu*, 23
    O engajamento político, 24
    O radicalismo, 26

Parte II
Época e Pensamento, 29
    Lei Eusébio de Queirós, 33
    Guerra contra o Paraguai, 35
    O Manifesto Republicano, 38
    A campanha abolicionista, 41
    A decadência do Império, 43
    A República, 45

O Governo Provisório, 48
A economia, 50
O Governo Constitucional, 53
O governo Floriano Peixoto, 55

Parte III
Temas, 63
Raul Pompeia e o Abolicionismo, 65
A questão das indenizações, 68
Raul Pompeia e o preconceito racial, 69
Raul Pompeia e a dependência econômica, 70
Raul Pompeia e o militarismo, 75
Raul Pompeia e a identidade nacional, 77
Raul Pompeia e a vida literária, 81
Raul Pompeia e a imprensa, 85
Raul Pompeia e a República, 87

Apêndice, 95
O Ateneu e a decadência da Monarquia brasileira, 95

Bibliografia, 109

Parte I

Vida e Obra

*Como o Homem escravizado tem
o direito de pensar, tem o direito
de odiar, tem o direito da dor.*
(*Çá Ira!*, 1882)

Raul d'Ávila Pompeia nasceu em 12 de abril de 1863, em Jacuecanga, localidade próxima a Angra dos Reis, município da então província do Rio de Janeiro. Era o segundo filho do casal Antonio d'Ávila Pompeia e Rosa Teixeira Pompeia.

Viveu sua primeira infância entre a exuberância da natureza da região de Angra dos Reis e os rigores e recatos da vida em família. Seu pai, bacharel em Direito pela tradicional Faculdade do Largo de São Francisco de São Paulo, exercia a magistratura. Era um homem austero e rigoroso, impondo ao ambiente familiar uma educação conservadora, característica às exigências da época e da classe social a que pertencia.

A mãe de Pompeia, Rosa Teixeira, descendia de família portuguesa que construíra riqueza através da exploração da cana-de-açúcar. Equilibrava no ambiente doméstico a rigidez do marido, distribuindo afagos e carinhos na educação dos filhos.

Naquele distante ano de 1863, nascimento de Raul Pompeia, Angra dos Reis recebia a visita do Imperador Pedro II que viera à cidade para tomar parte nas celebrações e festejos em louvor à Nossa Senhora da Imaculada Conceição. Decorridos vinte e seis dias dessa visita real, era o próprio Pompeia quem visitava a cidade, como jornalista enviado pela Gazeta da Tarde, para fazer a cobertura de uma visita ministerial que vistoriava, naquela cidade, as instalações de um recém-construído lazareto.

Entre relatos da cobertura jornalística acerca da expedição ministerial, Pompeia flagrou aquela cidade que fora cenário de sua infância, descrevendo Angra dos Reis "como uma pequena cidade, de velha construção portuguesa, como a que se vê em parte do Rio de Janeiro", com ruas estreitas e prédios de sacada. "A limpeza geral dos logradouros públicos, acrescenta, dá-lhe uma fisionomia agradável". (CAPAZ, 2001, p. 10.)

Angra dos Reis, aos tempos de infância de Raul Pompeia, vivia em franca decadência econômica, diferentemente do que ocorrera na primeira metade do século XIX, quando o fluxo de riquezas era alimentado pelo porto exportador e pela intensa produção agrícola.

O declínio econômico angrense apressou a transferência, para a Corte, dos Pompeias em 1873. Com o nascimento do terceiro filho e a procura de novos ares e oportunidades de estudos para os filhos, o Dr. Antonio d'Ávila Pompeia desfez-se dos bens da família, adquiriu imóveis no Rio de Janeiro, e lá se instalou com a família, vivendo de renda e banca de advocacia.

O Colégio Abílio

Com a mudança da família para o Rio de Janeiro, Pompeia foi matriculado no Colégio Abílio, dirigido pelo Dr. Abílio César Borges, o Barão de Macaúbas.

O Dr. Abílio tinha renome e era considerado "um educador arguto, apaixonado da profissão, sabendo recolher entre os discípulos todos os elementos de realce para o seu colégio [...] Ele tinha, realmente, o instinto dum mestre, dum guia, dum modelador de caracteres. Em linhas gerais, transformou os métodos de ensino entre nós. Seus livros didáticos podem ser hoje criticados com ironia. Mas, em 1865, era o que conhecíamos de melhor no gênero". (PONTES, 1935, pp. 18-19.)

Em 1884, Abílio César Borges publicou um manual de pedagogia intitulado *Vinte e dois anos de propaganda em prol da elevação dos estudos no Brasil,* no qual sintetiza os fundamentos da educação escolar daquele tempo: valorização das disciplinas humanísticas sobre as científicas, a obrigatoriedade da leitura dos "clássicos", a ênfase na memorização e na tradução de textos. "O trabalho do aluno 'exemplar' consistia, portanto, numa passiva e submissa assimilação e memorização das lições dos antigos e na exercitação das regras de retórica". (PERRONE-MOISÉS, 1988, p. 70.)

De tal maneira ganhou notoriedade o Colégio Abílio, que, em pouco tempo, se tornou, ao lado do Colégio D. Pedro II, referência em instituição de ensino, abrigando os filhos das famílias mais abastadas não só da Corte bem como de outras regiões do país. O que não constituía nenhuma surpresa visto que a educação no Brasil oitocentista caracterizava-se, predominantemente, pelo tradicionalismo e pelo privilégio, pois que estendida somente às classes ricas. As escolas secundárias eram pouco numerosas e, em sua maioria, particulares.

Por outro lado, as iniciativas oficiais no campo educacional privilegiavam o ensino superior, fato que se consagra com a criação das faculdades de Direito de São Paulo e Recife. De tal sorte que o destino escolar de Raul Pompeia não seria diferente de outros meninos e jovens de sua classe social.

Os cinco anos em que permaneceu interno no Colégio Abílio representaram para Raul Pompeia uma experiência marcante. Tanto em termos pessoais como intelectuais e artísticos.

Nessa fase, criou um jornal manuscrito intitulado *O Archote*, no qual já se pode notar os primeiros traços do seu talento para o desenho e a escrita, ferramentas que usava para denunciar as injustiças cometidas pelos professores. Critica o comportamento de colegas e satiriza a sistemática de provas e distribuição de notas adotada pelo colégio. Enfim, já é possível observar aquelas que serão as características marcantes de seus textos por toda a vida intelectual: o gosto pela polêmica e o estilo franco e aguerrido.

O Colégio Pedro II

Aos 16 anos de idade, cursando o 6º ano, Raul Pompeia foi transferido para o externato do Imperial Colégio de D. Pedro, concluindo aí os estudos secundários. Suas atividades intelectuais intensificaram-se nesse período, quando travou os primeiros contatos com as principais ideias e correntes filosóficas da época.

Por essa época, década de 80 do século XIX, os modismos intelectuais europeus passam a ser avidamente consumidos por diversos segmentos da intelectualidade brasileira, notadamente, o positivismo de Comte, o evolucionismo de Darwin e o cientificismo de Buckner e Spencer.

Exemplo dessa influência é o Grêmio Literário "Amor ao Progresso", entidade dos estudantes do Colégio Pedro II, em cuja criação Pompeia tomou parte. No embalo da voga positivista comteana, as novas gerações cultuavam tudo que estivesse relacionado com a ideia de "progresso", um dos conceitos-chave daquela corrente filosófica francesa.

Nesse Grêmio, Pompeia participou da criação de uma revista à qual deram o nome de *As Letras*. O artigo-programa da revista escrito por Raul Pompeia e publicado em seu primeiro número datado de 15 de novembro de 1880 revela as intenções da publicação e de seus articuladores: "[…] não prometem [os fundadores] grandes coisas; prometem pouco, muito pouco; mas será tudo quanto puder conseguir-lhes a boa vontade e o amor ao estudo. Da condescendência do público esperam a aceitação; da generosidade, a animação". (PONTES, 1935, pp. 29-30.)

O número seguinte de *As Letras* traz aquele que talvez seja o primeiro panfleto político de Raul Pompeia, escrito aos 17 anos. Intitulado "A vergonha da bandeira", já demonstra suas preocupações com um dos problemas fundamentais do Brasil da segunda metade do século XIX e que já tomava espaço entre os intelectuais combativos do período: a questão do trabalho escravo. Inspirado em Castro Alves, sobretudo em seu poema *Navio Negreiro*, Raul Pompeia escreve: "O que é aquele objeto negro que flutua pelas ondas, vagaroso, pesado? [...] é um navio. O que leva? [...] o cativeiro. [...] e o navio avança vagaroso, tétrico. Vai para a América. Transporta escravos [...] Vil barcaça carregando a vergonha de uma nação: [...] O barco representa uma pirâmide de infâmia. O vértice é a bandeira. Confrange-te, ó coração patriota, ante esta foto-pintura do passado... aquela bandeira era o emblema predestinado do Brasil". (POMPEIA, 1982, v. V, pp. 32-34.)

A questão abolicionista mobilizou boa parte da intelectualidade brasileira, sobretudo após o término da guerra contra o Paraguai (1864-1870). Para esses letrados, o fim da escravidão não era somente uma necessidade humanitária, mas condição indispensável para a "evolução" do país. Por essa época, Joaquim Nabuco toma para si a liderança do movimento abolicionista, reivindicando no Parlamento do Império a urgência do processo de extinção do trabalho escravo no Brasil. Ao longo dos anos 80 do século XIX, o abolicionismo irá radicalizar seu discurso e sua ação, através da fundação de jornais, clubes e sociedades antiescravistas, como foi o caso da Sociedade Brasileira Antiescravista de Joaquim Nabuco e André Rebouças.

E concluindo sua primeira página abolicionista, onde já demonstra firmeza de convicção em suas ideias, diz Raul Pompeia: "Sobre a bandeira nacional está a noite da vergonha: a mancha da profanação [...] Quando raiar a aurora da desafronta é que o pendão auriverde há de expandir-se. Apagai da História o romance lúgubre da escravidão [...]". (*idem, ibidem.*)

O primeiro romance

Ainda no ano de 1880, Raul Pompeia publicou o seu primeiro livro, *Uma Tragédia no Amazonas*, escrito nos tempos de aluno do Colégio Abílio. O romance editado pela Tipografia Cosmopolita do Rio de Janeiro e bancado com recursos próprios do autor não apresenta grandes qualidades literárias. Trata-se de uma história trágica, que se passa na Amazônia, onde "Eustáquio, o personagem principal, como subdelegado de polícia de uma cidade do interior, prende um grupo de escravos, por assassínio, eles conseguem fugir, e iniciam uma perseguição a Eustáquio e sua família, que querem dizimar, o que afinal conseguem, após complicados lances e lutas, em que eles próprios são eliminados". (DOYLE, 1964, p. 5.)

Apesar de se tratar de um romance de estreia e escrito por um adolescente – consta que Raul Pompeia teria apenas 15 anos quando o escreveu – o livro foi resenhado em *A Gazetinha* por nada menos que Capistrano de Abreu, já respeitado crítico literário e que posteriormente se tornaria amigo de Pompeia. Em sua resenha, o crítico alagoano lembra que Raul Pompeia somente conhecia a região amazônica, onde se desenrola a trama do romance, por meio de leituras e que "sua *Tragédia no Amazonas* é um esforço audacioso. O autor não é nortista; nunca foi ao norte; é provável mesmo que nunca tenha tido viagem ao Norte. Entretanto, com a Geografia de Abreu e com o Atlas de Cândido Mendes, meteu as mãos à obra e levou-a a termo". (PONTES, 1935, p. 40.)

Outra manifestação de apreço e interesse pelo primeiro romance de Raul Pompeia surgiu nas páginas do *Jornal do Commercio* agora a cargo do escritor de renome à época, Carlos de Laet, que elogia o romancista estreante: "Um aperto de mão é o que envio ao sr. Pompeia, inteligente mancebo que experimentou suas forças escrevendo *Uma Tragédia no Amazonas* – romancete esboçado em horas de lazeres acadêmicos, porém, no qual já se revelam apreciáveis talentos!" (PONTES, 1935, p. 45.)

A Faculdade de Direito de São Paulo

No início de 1881, Raul Pompeia mudou-se para São Paulo, onde iniciou os estudos superiores na prestigiada Faculdade de Direito do Largo de São Francisco, instituição tradicional por onde passaram nomes relevantes da literatura brasileira como Castro Alves e Álvares de Azevedo, e da política nacional, como Joaquim Nabuco.

Na capital paulista, então pacata e tranquila, Pompeia teve participação marcante no movimento abolicionista. Ao mesmo tempo, dedicou-se intensamente à atividade jornalística, colaborando com inúmeros órgãos de imprensa que proliferavam àquela época por São Paulo, fruto do processo de urbanização por que passava a cidade.

Foi por essa época que Raul Pompeia colaborou no *A Comédia*, jornal propagandista da causa republicana, cujo redator-chefe era Silva Jardim, que se converteria com o tempo num dos mais radicais republicanos, ganhando o epíteto de "tribuno da república". Aproxima-se, também, de Valentim Magalhães, que possuía grande talento para a literatura e seria membro fundador da Academia Brasileira de Letras, e de Luiz Gama, atuante membro do movimento abolicionista paulista, ex-escravo e estudioso de Direito, que atuava como rábula (advogado sem diploma) para libertar centenas de escravos.

Ao lado de Raymundo Corrêa, Fontoura Xavier, Valentim Magalhães, Ezequiel Freire, Randolpho Fabrino, Augusto de Lima e Theophilo Dias, Pompeia fundou o jornal *O Bohemio*, no qual aprimorou suas caricaturas e publicou-as sob o pseudônimo de Rapp. Numa delas, intitulada "Agonia e Morte do Diário de Campinas", investiu contra o *Diário de Campinas*, jornal que representava os interesses dos proprietários de terras e escravos, representado-o como um asno crucificado entre dois porcos. A reação da imprensa escravocrata foi imediata, acusando o autor da caricatura de blasfêmia e ateísmo, pois ele teria feito uma paródia de cenas da Paixão de Cristo. Também na Faculdade de Direito do Largo de São Francisco a caricatura repercutiu negativamente, causando indignação na diretoria e no corpo docente que tinham ligações com escravocratas e a Igreja, algo que, posteriormente, lhe custaria a reprovação nos exames finais.

Caricatura "Agonia e Morte do Diário de Campinas" (1881): com o sacrifício do asno, Pompeia criticou o jornal que expressava as ideias escravistas.

Um romance antimonárquico

Ao lado da intensa atividade jornalística, Raul Pompeia dedicou-se à produção de um novo romance, que em 1882 foi inicialmente publicado em forma de folhetim nas páginas da *Gazeta de Notícias* do Rio de Janeiro. Esse periódico contava com colaboradores de peso no meio intelectual e político daquela época, tais como Capistrano de Abreu e José do Patrocínio, agitador da causa abolicionista na Corte.

Trata-se de *As Joias da Coroa*, cujo enredo parte de um fato verídico envolvendo a família real: o roubo de joias da esposa de D. Pedro II. A partir disso, Raul Pompeia construiu, deliberada e intencionalmente, uma crítica de fundo satírico aos costumes da Monarquia, já demonstrando aí suas inclinações republicanas.

A insatisfação de Pompeia com o regime Imperial era tamanha que ele mal consegue disfarçar os personagens e cenários da trama, pois que se pode ver "o Duque de Bragantina (que seria Pedro II) envolvido em aventuras picarescas na Chácara de Santo Cristo (referência à Quinta de São Cristóvão, residência oficial da Família Real), com um genro explorando casas de cômodos e cortiços (referência explícita ao Conde D'Eu, marido da Princesa Isabel)". (PONTES, 1935, p. 89.)

Ainda em 1882, Pompeia participou de vários projetos jornalísticos, entre eles o da fundação do *Çá Ira!*, que se tornou órgão divulgador das atividades do Centro Abolicionista de São Paulo. Em seu artigo de estreia, que também anunciava a linha editorial do periódico, Raul Pompeia opinou sobre a questão do trabalho escravo no Brasil: "A causa do nosso mal-estar financeiro, cada vez mais pronunciado, reside em muito desleixo, mas particularmente nos muitos vícios escravistas que vão percorrendo a sociedade brasileira". (POMPEIA, 1982, v. V, p. 66.)

Para Pompeia e os demais membros do Centro Abolicionista de São Paulo, a escravidão era condenável sob dois aspectos: o moral e o econômico. Do ponto de vista moral, a escravidão era uma instituição desumana pois que um "homem não pode ser obrigado a pôr a serviço de outrem o penosíssimo sacrifício da própria liberdade". Além disso, o homem submetido ao regime de escravidão impossibilita a realização dos valores mais elevados da existência moral, qual seja, a vida devotada à família, à pátria e à humanidade. (*Idem,* pp. 64-65.)

Por outro lado, do ponto de vista econômico, a escravidão comprometia aquilo que era, em seu conceito, uma das principais fontes de riqueza de uma nação: o trabalho: "[...] é de grande urgência que moralizamos entre nós um dos principais agentes da riqueza – o trabalho. [...] Se temos uma natureza verdadeiramente pródiga, por que esse temor pela concorrência? Qual a razão da nossa inferioridade perante os nossos competidores? É porque não sabemos nos servir dos nossos recursos, é porque o trabalho nacional não se regulariza devidamente". (*Idem ibidem.*)

Canções sem Metro

Em 1883, despontou com mais intensidade a face artística de Raul Pompeia, desenvolvendo experiências na área da escultura e pintura, revelando talento para as artes plásticas, já demonstradas com o desenho e a caricatura. Por intermédio de Teófilo Dias, companheiro de rodas literárias, tomou conhecimento das obras de Charles Baudelaire, poeta, expoente da literatura francesa do século XIX e autor de *As Flores de Mal,* cuja leitura influenciou-o na elaboração dos poemas *Canções sem Metro.*

Esses poemas foram inicialmente escritos e publicados em 1883, em São Paulo, e concluídos no Recife, aparecendo inicialmente nas páginas do *Jornal do Commercio*. Mais tarde, despertaram o interesse de outras publicações de São Paulo e do Rio de Janeiro. Não tardou muito para que a crítica literária elevasse *Canções sem Metro...* para a condição de uma das melhores obras simbolistas já produzidas no país. Estudiosos da obra de Pompeia como Ledo Ivo, Eugênio Gomes e Andrade Murici vão comparar a qualidade literária das *Canções...* à obra daquele que é considerado entre nós o principal autor simbolista, o poeta catarinense Cruz e Sousa, autor de *Missal* e *Broquéis*. Nesse sentido, Pompeia seria um precursor do Simbolismo entre nós.

Em termos literários, portanto, se os primeiros romances não foram de importância decisiva na produção de Raul Pompeia, valendo somente como exercício de expressão, o *Canções sem Metro* foi, definitivamente, o marco inicial da sua consagrada carreira.

Em Recife

As polêmicas entre abolicionistas e escravocratas cresciam pela imprensa, opondo jovens estudantes liberais aos representantes da elite cafeeira de São Paulo.

Em mais um exemplo de coragem e altivez, Raul Pompeia investiu contra o Partido Republicano Paulista, acusando-o de "partido republicano-escravista", e atingindo diretamente Rangel Pestana, uma das figuras mais destacadas da aristocracia local: "[São Paulo é] a infeliz província que tem, na história do seu passado, as heroicas tradições escravocratas dos bandeirantes, e, no futuro de sua história, o doloroso remorso de haver sido o asilo dos derradeiros pelágios da escravidão". (POMPEIA, 1982, v. V, p. 99.)

As consequências não tardaram por vir. Desde a famosa caricatura "Agonia e Morte do Diário de Campinas", Raul Pompeia passou a ser visto com reservas por parte dos professores da Faculdade de Direito, culminando entre 1883 e 1884 sucessivas reprovações pelas bancas examinadoras.

O *Jornal do Commercio* noticia que "a mesa examinadora do 3º ano do curso jurídico declarou guerra, segundo parece, aos moços que escrevem, que figuram na literatura, que se distinguem no jornalismo. Depois da reprovação de Raul Pompeia deu-se a de Luis Murat [...] Raul Pompeia não é simplesmente um moço de talento: é ilustrado, tem uma ilustração pouco vulgar em rapazes da sua idade. [...] Luis Murat, poeta de incontestável merecimento, dedicou-se nos últimos tempos ao estudo do positivismo". (PONTES, 1935, pp. 134-135.)

O conservadorismo da velha Faculdade de Direito de São Paulo torna-se um obstáculo para a permanência dos estudantes tomados pelas novas ideias de seu tempo, resultando em um clima de intolerância e enfrentamento, cujo ponto final veio a ser uma debandada em número significativo de estudantes: "a mesa examinadora do quarto ano, composta dos professores Antonio Carlos, Mamede e Falcão, passou a reprovar em massa. O número de reprovações atingiu a extremos escandalosos. Os estudantes, por isso, entraram em greve, abandonando a Academia Paulista e seguindo para o Recife. Nada menos que

94 acadêmicos paulistas foram para o norte". (PONTES, 1935, pp. 146-147.)

Juntamente com outros 93 estudantes reprovados, Raul Pompeia seguiu para Recife, instalando-se na capital pernambucana nos inícios de 1885. Tradicionalmente marcada pelos ideais liberais, a Província de Pernambuco passava por processo de decadência em virtude do declínio nas exportações de açúcar.

Do ponto de vista intelectual, a Faculdade de Direito do Recife era tão conservadora como a de São Paulo; mas, vivia-se ali um clima de polêmicas e debates em cujo centro encontrava-se Tobias Barreto, intelectual de espírito combativo, polemista e adepto do germanismo.

Por outro lado, o Recife dessa época não estava tomado pela agitação abolicionista de São Paulo ou do Rio de Janeiro. Provavelmente, em razão disso, Raul Pompeia não tenha tomado posição na militância política. Outro motivo possível é que o Nordeste, cuja base econômica estava em franca decadência, não possuía contingentes expressivos de mão de obra escrava. Exemplo claro disso ocorria com a província do Ceará, que já havia abolido a escravidão em 1884.

Em Recife, Raul Pompeia dedicou-se mais à elaboração de textos de natureza literária como as *Canções sem Metro* e possivelmente tenha dado início ao esboço de seu futuro romance, *O Ateneu,* que o consagraria como escritor. Afora isso, seu cotidiano foi preenchido pelos estudos e pelo convívio com alguns colegas de São Paulo que o acompanharam no "exílio", entre eles Alberto Torres, Rodrigo Otávio, Pardal Mallet e Luiz Murat.

A obra-prima: *O Ateneu*

No final de 1885, já bacharel em Direito, Raul Pompeia retornou ao Rio de Janeiro, onde abdicou da advocacia para dedicar-se ao jornalismo. Foi quando passou a tomar parte do grupo intelectual formado por Coelho Neto, Aluísio Azevedo, Olavo Bilac, Machado de Assis e Araripe Júnior, entre outros, vivendo o clima boêmio da Corte, marcado pelas conversas em confeitarias, teatros e jornais.

Os autores franceses do naturalismo davam o tom da moda intelectual da época. Eram eles Émile Zola, Guy de Maupassant e Gustave Flaubert, entre outros. Na Filosofia, dominam as ideias de Auguste Comte, Herbert Spencer, Pierre Joseph Proudhom e Charles Darwin.

No Brasil, os romances naturalista e realista davam os seus primeiros frutos com Aluísio Azevedo e *O Cortiço*, Júlio Ribeiro publicando *A Carne* e Machado de Assis com *Memórias Póstumas de Brás Cubas.*

Foi nesse clima de efervescência cultural que, em 1888, Raul Pompeia publicou *O Ateneu*, inicialmente como folhetim da *Gazeta de Notícias* e, no mesmo ano, no formato de livro.

O romance teve repercussão imediata e boa acolhida entre os críticos e escritores da época, guindando, de forma definitiva, Raul Pompeia para o seleto grupo das "melhores figuras da literatura brasileira".

Inegavelmente *O Ateneu* é um livro de caráter memorialístico, fato que se pode perceber já na leitura de seu subtítulo – "crônicas de saudades". Nele, personagens e cenários podem ser relacionados com passagens da própria vida pessoal do autor: "Para o livro, inspirou-se Pompeia nas recordações dos anos passados no Colégio Abílio; em seu diretor, que é retratado como Aristarco; e ele mesmo, que é o menino Sérgio". (COUTINHO, 1982, v. I, p. 15.) Entretanto, outras janelas se abrem com a leitura de *O Ateneu*. Publicado em 1888, poucos meses antes da Lei Áurea que extinguiu a escravidão no Brasil; escrito por um autor desde cedo comprometido com as causas políticas e sociais de sua época, é inegável que *O Ateneu* não deixe de ser um "documento literário" do Brasil do final do século XIX. Se Pompeia recorre a fatos decorrentes de sua vivência pessoal, o faz no sentido figurativo não para reconstruir sua própria biografia, mas para analisar sociológica e filosoficamente a sociedade brasileira de seu tempo.

O engajamento político

Os acontecimentos políticos nos anos 1888 e 1889 são decisivos para os destinos da Monarquia. Desde a década de 1870 as campanhas abolicionista e republicana ganham mais força e adeptos junto às camadas urbanas. As transformações econômicas impulsionam novos interesses de classe, provocando um visível descompasso com as estruturas conservadoras do Reinado de Pedro II.

Em maio de 1888, o Gabinete João Alfredo colocou em votação e aprovou a Lei Áurea, assinada posteriormente pela Princesa Isabel, pondo fim ao trabalho escravo no Brasil. Consumada a abolição, a pressão dos ex-proprietários de escravos deu-se no sentido de exigir por parte do Estado uma indenização pelas perdas financeiras sofridas. Opondo-se às pretensões dos fazendeiros, Raul Pompeia indagava: "Indenização? E como fazer a indenização das dores, do pranto e do suor gratuito de três séculos de verão, do sangue de três séculos de castigos, suado, vertido sobre a terra ingrata, por favor exatamente da classe dos agricultores que, sobre a fertilidade cruenta de tão econômicas colheitas, pôde constituir-se a primeira e mais poderosa, como ela própria o afirma, de todas as que votam no escrutínio político da opinião?" (POMPEIA, *Obras,* p. 40.)

O processo de desgaste político vivido pela Monarquia diante de frequentes atritos com a Igreja, da insatisfação do setor mais conservador dos fazendeiros após a abolição da escravidão, dos interesses políticos dos cafeicultores de São Paulo, associado com o frágil estado de saúde do Imperador, culminou com o levante dos quartéis. No dia 15 de novembro de 1889, sob o comando do marechal Deodoro da Fonseca, tropas do Exército depuseram o governo e proclamaram a República. Logo em seguida, organizou-se um governo provisório, sob a chefia de Deodoro. A família real foi banida dois dias depois, encerrando assim sessenta e sete anos de regime monárquico no Brasil.

Raul Pompeia, desde o princípio ativo militante dos movimentos abolicionista e republicano, ficou exultante com o desfecho dos acontecimentos e narrou a partida de D. Pedro II num texto memorável intitulado "Uma Noite Histórica", fixando, do ponto de vista literário, aquela que será a primeira imagem literária da proclamação da República. "Pobre D. Pedro! Em homenagem à severidade da determinação do governo revolucionário, ninguém queria ter sido testemunha da misteriosa eliminação de um soberano. [...] Quase na extremidade do molhe, o carro parou e o sr. D. Pedro de Alcântara apeou-se – um vulto indistinto entre outros vultos distantes – para pisar pela última vez a terra da pátria". (POMPEIA, 1982, v. V, pp. 273-274.)

Logo após a Proclamação da República, muitos intelectuais – antigos militantes do movimento republicano –

foram indicados para tomar parte do aparelho administrativo do Estado. Foi o caso de Coelho Neto, Luís Murat e Olavo Bilac, que passou a responder pela Secretaria de Governo no Rio de Janeiro. Raul Pompeia, por sua vez, foi nomeado secretário da Academia de Belas Artes, instituição escolar oficial, onde, posteriormente, ocupou o cargo de professor nomeado para a cadeira de Mitologia.

O radicalismo

A partir de 1891 as atividades intelectuais de Raul Pompeia restringiram-se às colaborações com a imprensa, escrevendo crônicas e panfletos políticos para os periódicos *O Estado de S. Paulo* e o *Jornal do Comércio* do Rio de Janeiro. Nessa fase, sua produção literária foi praticamente nula tamanha a paixão com que vai se dedicar à política. Foi um momento que Eloy Pontes chamou de "intoxicação política".

Após a renúncia do marechal Deodoro da Fonseca, em novembro de 1891, a presidência da República ficou com o marechal Floriano Peixoto, o vice de Deodoro. Por contrariar a Constituição, a posse e o governo de Floriano representam uma das mais conturbadas passagens da História do país, marcada por extremismos e radicalismos.

Entre aqueles que defendem o florianismo encontra-se Raul Pompeia, que via no marechal a única possibilidade de salvação da República, que, na opinião de muitos, estava em perigo devido às manifestações em prol da volta da Monarquia.

Raul Pompeia não mais se dedica à produção literária. Seu engajamento na política florianista é total. Sua adesão ao nacionalismo e militarismo encarnados por Floriano

Peixoto custa-lhe dissabores com antigos companheiros de movimentos republicanos, como Olavo Bilac, com quem teve desentendimentos que por pouco não chegaram às vias de fato. Seus panfletos políticos são cada vez mais radicais na defesa do governo Floriano, defendendo abertamente a ditadura militar como solução temporária dos problemas políticos, pregando o nacionalismo e investindo, sobretudo, contra portugueses e ingleses.

Em 1893, Rodrigo Otávio, seu contemporâneo de Faculdade de Direito em São Paulo e no Recife, publicou *Festas Nacionais*, obra didática em que o autor propunha um calendário de atividades cívicas, trazendo em seu prefácio, escrito por Raul Pompeia, um forte conteúdo republicano e nacionalista, denunciando enfaticamente as causas que no seu entender enfraqueciam o Brasil: "Os grandes centros censórios do nosso organismo de interesses estão em Londres ou em Lisboa. Ausentes de nós, portanto. Somos assim em economia política uns miserandos desvertebrados". (POMPEIA, 1981, p. 82.) Argumentava que o colonialismo e seus disfarces mancomunados durante décadas com interesses conservadores brasileiros é que deveriam ser denunciados, cabendo à República repelir a ingerência estrangeira em assuntos nacionais.

Quando da morte de Floriano Peixoto, em 1895, Raul Pompeia, tomado pela emoção das circunstâncias, pronunciou um discurso nos funerais do Mal. Floriano considerado ofensivo a Prudente de Moraes, presidente civil eleito e empossado em 1894. Em consequência, Pompeia foi exonerado do serviço público, perdendo o cargo de Diretor da Biblioteca Nacional, cargo para o qual fora nomeado pelo Mal. Floriano.

Os desdobramentos desse episódio não terminaram por aí. Luís Murat, antigo colega de rodas literárias, publicou artigo no jornal *O Comércio de São Paulo,* intitulado "Um louco no cemitério", não só condenando o discurso de Pompeia como, também, apoiando a decisão do governo em demiti-lo.

Raul Pompeia tomou conhecimento do artigo de Luís Murat somente dois meses depois de publicado, e enviou-lhe um artigo-resposta para o mesmo jornal. Porém, seu texto não foi publicado.

Profundamente abalado, em 25 de dezembro de 1895, Pompeia suicidou-se com um tiro no peito, deixando um bilhete onde se podia ler: "À Notícia e ao Brasil declaro que sou um homem de honra!".

Quatro dias após o suicídio, Machado de Assis dedicou sua crônica "A Semana", da *Gazeta de Notícias,* do Rio de Janeiro, a comentar o fato: "[...] Raul Pompeia deixou a vida inesperadamente, aos trinta e dois anos de idade. Sobravam-lhe talentos, não lhe faltavam aplausos nem justificativa aos seus notáveis méritos. Estava na idade em que se pode e se trabalha muito. A política, é certo, veio a caminho [...] Raul Pompeia não seguiu a política por sedução de um partido, mas por força de uma situação".

Parte II

Época e Pensamento

Aprecio mais o voluntário que o soldado, prefiro o francês ao suíço. Respeito quem marcha por obediência; a quem marcha por entusiasmo, eu admiro. A obediência produz os bravos, mas o entusiasmo faz o herói.
(*Correio Paulistano*, 1881)

A independência política alcançada pelo Brasil em 1822 não acarretou mudanças significativas no país. Planejado e realizado pelas elites, o movimento de independência conservou o latifúndio, a economia essencialmente agroexportadora e o trabalho escravo. Além disso, organizou a Nação sob a forma de uma Monarquia – única entre Repúblicas na América – chefiada por um príncipe português.

A Constituição de 1824, outorgada por Pedro I, instituía a figura do Poder Moderador cujo exercício cabia exclusivamente ao Imperador. O sistema eleitoral impunha o voto censitário e, no Parlamento, o Senado tinha caráter vitalício. Em síntese, o Estado brasileiro nasce sob o signo da exclusão, apoiado sistematicamente num regime político antidemocrático, escravocrata e defensor de privilégios.

Uma combinação de fatores internos – crise econômica em razão da ausência de um produto-chave e a insatisfação da elite rural com o autoritarismo de Pedro I – e externos – sucessão do trono português após a morte de D. João VI e a perda da Cisplatina na guerra travada contra a Argentina – culminou com a abdicação do Imperador em 1831.

O breve reinado de Pedro I foi sucedido por um período conturbado politicamente que quase resultou na fragmentação territorial. O período regencial caracterizou-se por tentativa de conciliação das elites no sentido de manter o regime monárquico sob controle político estrito da minoria e a exclusão da maioria dos brasileiros.

Apoiada na recém-criada Guarda Nacional, a Regência não conseguiu impedir, entretanto, as sublevações nas províncias: no Pará, os cabanos se revoltam. No Maranhão, artesãos pobres se levantam na Balaiada; os baianos apoiam a Sabinada; e, no sul, a mais longa guerra civil do Brasil, conduzida pelos farrapos, cuja luta durou de 1835 a 1845.

Diante da iminência do separatismo ganhar contornos definitivos, a elite novamente recorre ao artifício do arranjo político pelo alto. Em 1849, uma manobra dos Liberais antecipou a maioridade do legítimo herdeiro de Pedro I.

Pedro de Alcântara, ainda que não tivesse idade regular para assumir o trono, é guindado ao poder, como solução das elites diante do temor da fragmentação da revolta popular.

Sob Pedro II, a Monarquia ganharia suas características definitivas como de fato ocorrera até 1889: a conciliação entre Liberais e Conservadores, alternando-se na presidência do Gabinete; e um sistema parlamentarista em que a vontade do Rei estava acima de qualquer questão.

Ainda que tivesse de enfrentar a Revolta Praieira de 1848 em Pernambuco – última revolta do ciclo monárquico iniciada na mesma província em 1824 com a Confederação do Frei Caneca e do jornalista Líbero Badaró –, um arranjo conciliatório criado pelo Segundo Reinado manteve uma relativa estabilidade política ao regime monárquico.

Com a emergência do café como produto-chave da economia brasileira, Pedro II passa a reinar sem grandes oposições. O café alavanca a economia, traz investimentos de capitais e moderniza os principais centros urbanos – São Paulo e Rio de Janeiro. Enfim, o "ouro-verde" estabiliza politicamente o país.

Caricatura feita por Raul Pompeia: representando os nacionais, um índio expulsa um português. O Brasil tornou-se independente, mas isso pouco mudou a vida da maioria dos brasileiros.

Lei Eusébio de Queirós

Industrializada, a Inglaterra pressionou os países escravistas para pôr fim ao trabalho cativo. Seus propósitos eram manter mão de obra na África (para garantir a extração de matérias-primas) e generalizar a prática do assalariamento, ampliando os seus mercados consumidores. Esses interesses eram ocultados por um discurso humanitário, que condenava o "comércio de gentes".

O primeiro passo para a Abolição foi extinguir o tráfico de negros africanos escravizados para a América.

Em relação ao Brasil, as primeiras exigências nesse sentido surgiram ainda no Tratado de Comércio e Amizade firmado entre Portugal e Inglaterra em 1810. Depois, repetiram-se em 1824, quando o Brasil independente selou um novo acordo com os ingleses.

Um ano antes, quando se iniciaram os trabalhos da nossa primeira Assembleia Constituinte, o líder político José Bonifácio de Andrada e Silva já havia defendido a necessidade de extinguir a escravidão, ainda que de forma gradual. Mas os interesses dos fazendeiros escravistas falaram sempre mais alto, emperrando o processo abolicionista. Por causa disso, não é exagero afirmar que a manutenção do tráfico de escravos para o Brasil, em meados do século XIX, colocou em risco as relações diplomáticas com a Inglaterra.

Agravando essa situação, em 1844 o governo brasileiro tomou duas decisões: não renovou os tratados comerciais com a Inglaterra e estabeleceu a Tarifa Alves Branco, que impunha pesadas taxações sobre a importação de produtos britânicos.

Reagindo a isso, no ano seguinte o Parlamento inglês adotou a Lei Aberdeen, que concedia aos comandantes navais ingleses a missão de combater ostensivamente o tráfico de escravos, perseguindo e confiscando navios negreiros, prendendo a tripulação e repatriando os negros.

Os efeitos da lei foram logo sentidos nas relações diplomáticas com a Inglaterra e na economia interna. Caio Prado Jr. afirma em seu *Evolução Política do Brasil* que "nenhum outro acontecimento da nossa história teve talvez repercussão tão profunda. Por suas consequências, mediatas ou imediatas, ele se faz sentir até os últimos anos do Império" (p. 90). A situação somente foi resolvida por completo em 1850, quando a Lei Eusébio de Queirós proibiu o tráfico de escravos para o Brasil.

A extinção do tráfico de escravos permitiu a liberação de capitais, até então investidos no tráfico de escravos, para a modernização do Império. Esta consequência se fez sentir, principalmente, nos setores de transportes, com a construção de ferrovias, e de comunicação, com a inauguração das primeiras linhas telegráficas. Diante desse quadro de franca prosperidade, emerge uma "nova classe endinheirada" que vai saber tirar proveito de sua "rápida ascensão" econômica. (PRADO JR., 1983, p. 94.)

Guerra contra o Paraguai

Um dos capítulos mais importantes da política externa brasileira no período imperial foi a guerra contra o Paraguai.

A razão fundamental desse conflito foi o controle sobre a bacia do Prata, cujos rios são economicamente estratégicos, pois representam as melhores vias de comunicação entre o Atlântico e o interior do continente.

Ao longo dos cinco anos de combates, o Império brasileiro mobilizou entre 100 e 130 mil homens recrutados entre soldados da Guarda Nacional e escravos que foram arregimentados para a formação do corpo dos Voluntários da Pátria. Coube ao Duque de Caxias organizar o Exército nacional e, depois, comandar a vitoriosa reação da Tríplice Aliança.

A guerra terminou somente com a morte do ditador Francisco Solano López, em 1870, e deixou um trágico saldo para o Paraguai: suas melhores terras foram anexadas por Brasil e Argentina, seu rebanho foi confiscado, suas cidades saqueadas e sua população masculina adulta dizimada. Além disso, passou para a esfera de influência política brasileira.

Para o Brasil, os efeitos da guerra também foram importantes.

Do ponto de vista econômico, representou uma maior dependência em relação à Inglaterra, pois a equipagem do seu Exército foi feita com base em empréstimos junto a bancos ingleses; na política, a transformação mais significativa foi o aumento do prestígio dos militares, que assimilaram conceitos abolicionistas e republicanos; "[...] até então [início da guerra] o Império contara com um reduzido corpo profissional de oficiais e encontrara muitas dificuldades para ampliar os efetivos". (FAUSTO, 2001, p. 214.)

Ainda sobre essa questão, é oportuno considerar que tendo "cara própria", o Exército não aceitou mais a condição de força secundária em relação à Guarda Nacional.

A partir de então, os oficiais do Exército, tal como já era de costume nos países vizinhos da América do Sul, passaram a reivindicar reconhecimento profissional (melhorias salariais) e maior participação na política, contribuindo para desgastar a Monarquia.

No aspecto social, a guerra contribuiu para que surgissem novas e duras críticas à escravidão. Primeiro, porque tanto os aliados do Império quanto o seu adversário já haviam extinguido essa prática; segundo, porque os soldados, que haviam combatido lado a lado com negros, recusavam-se a perseguir escravos fugitivos.

O Império e a bacia do Prata

A ocorrência de choques armados nas fronteiras do Sul do Brasil com o Uruguai e Argentina foram comuns desde os tempos coloniais. Eram escaramuças pontuais, motivadas por invasões de terras e roubo de gado, que, criado extensivamente, perambulava pelos pampas que cobrem toda a porção meridional.

Entretanto, a partir da metade do século XIX esses conflitos tornaram-se mais intensos, com o Império brasileiro realizando diversas intervenções militares na região.

Alegando a necessidade de garantir a livre navegação e o equilíbrio político da região, o Brasil enviou tropas contra facções políticas argentinas (1851 e 1852) e uruguaias (1864), impondo nesses países governos aliados e estabelecendo uma hegemonia sobre a região.

Essa política externa intervencionista ameaçou os interesses do Paraguai, que precisava de corredor de exportação de madeira e erva-mate. Contando com o apoio – que não aconteceu – de facções políticas uruguaias e argentinas, o Paraguai arriscou-se numa mal calculada aventura militar e invadiu o Mato Grosso, o Rio Grande do Sul e as províncias argentinas de Entre Rios e Corrientes, deflagrando o conflito.

Se nas campanhas contra uruguaios e argentinos o Império combateu grupos armados, contra o Paraguai travou uma "guerra total", terminada somente com a derrubada do seu governante.

"Acabar com a escravidão não é destruir, como à primeira vista parece. O golpe descarregado sobre a instituição negra é a mais brilhante construção moral que se pode realizar atualmente no Brasil." (POMPEIA, Çá Ira!, 1882.)

O Manifesto Republicano

Em termos políticos, a década de 1870 pode ser considerada decisiva para os destinos do Império brasileiro. Intensificaram-se, a partir de então, os movimentos urbanos em prol das causas abolicionista e republicana, alimentados por um maior envolvimento de camadas letradas com as grandes questões sociais e políticas da época. Proliferaram jornais e revistas, principalmente em São Paulo e Rio de Janeiro, contribuindo para divulgar manifestos e panfletos políticos, além das ideias filosóficas predominantes no final do século XIX como o Positivismo. Ampliaram-se as insatisfações dos setores mais dinâmicos da elite brasileira, os Barões do Café de São Paulo, descontentes com as estruturas conservadoras e centralizadoras do Império que não lhes possibilitavam maior poder político.

> ## "POSITIVISMO"
>
> Foi uma corrente de pensamento criada pelo francês Auguste Comte (1789-1857) que tinha como fundamento a "Lei dos Três Estados": o Estado Teológico, que tudo explicava pela religião; o Estado Metafísico, que tudo explicava pelo mundo oculto; e o Estado Positivo, que tudo explicava pela ciência.
>
> No Brasil, o Positivismo teve grande aceitação principalmente entre os militares, os estudantes de Direito e a classe média urbana, que viam na compreensão científica da realidade o melhor caminho para o desenvolvimento do país.
>
> Um sinal da presença do Positivismo no país é o dístico "Ordem e Progresso" da bandeira nacional.
>
> Enquanto sistema de ideias, o Positivismo influenciou e foi influenciado pelo Evolucionismo de Charles Darwin.

No Rio de Janeiro, a 3 de dezembro de 1870, foi divulgado, pelas páginas do jornal *A República*, o Manifesto Republicano assinado por, entre outros, Quintino Bocaiúva, Saldanha Marinho, Rangel Pestana, Lopes Trovão e Aristides Lobo. A ideia republicana no Brasil data dos tempos coloniais, bastando lembrar do movimento conhecido como Revolução Pernambucana de 1817. No entanto, o Manifesto de 1870 teve um significado de maior relevância, pois o movimento passou a adotar uma posição de partido político.

Em seu conteúdo, o Manifesto condenava a Monarquia, acusando-a de ser "regime de ficção e corrupção" e de ser "hostil à liberdade e ao progresso de nossa pátria". Ao traçar um panorama histórico do Brasil desde a proclamação da independência até aquela data, os manifestantes atribuíam aos interesses da "realeza aventureira" a derrocada da soberania nacional: "foram os interesses dinásticos os que sobrepujaram os interesses do Brasil". E argumentaram que o governo de Pedro II era decadente e que não avaliava, por conta da teimosia do imperador, o quanto era inconveniente para os rumos da nação.

O Manifesto conclamava os "concidadãos" a se unirem em torno do movimento republicano e na defesa dos ideais que esse regime político representava. República, na concepção dos manifestantes de 1870, significava, basicamente, respeito ao princípio federalista, "único" regime, segundo eles, "capaz de manter a comunhão da família brasileira". (PESSOA, 1973, pp. 37-62.)

Três anos depois, reunidos na cidade de Itu, no interior de São Paulo, cafeicultores e alguns poucos intelectuais fundaram o Partido Republicano Paulista, o PRP, que nas seis décadas seguintes foi o mais importante partido político do país e veículo dos interesses da elite agrária de São Paulo. Em julho de 1873, os fundadores do partido realizariam, na capital da província, um congresso em torno do qual estavam reunidos personalidades marcantes como Américo Brasiliense, Cerqueira César, Américo de Campos, Bernardino de Campos, Prudente de Moraes e Campos Salles, os dois últimos, inclusive, seriam os primeiros presidentes civis da República.

No Manifesto do Partido Republicano Paulista fica claro que, para os republicanos de São Paulo, a questão da escravidão não seria objeto de avaliação, ou seja, o PRP não desencadearia nenhuma campanha a favor da abolição da escravidão: "A questão não nos pertence exclusivamente porque é social e não política". E concluía o manifesto defendendo que a substituição do trabalho escravo pelo trabalho livre deveria se dar "mais ou menos lentamente", conforme os interesses de cada província, e que "para conciliar a propriedade de fato com o princípio da liberdade" era indispensável a indenização dos ex-proprietários de escravos.

A campanha abolicionista

A abolição do trabalho escravo no Brasil inscreveu-se num processo histórico onde a elite conseguiu conduzir o assunto dentro de sua lógica de interesses. Assim, para os proprietários de escravos e terras só era possível aceitar a extinção do trabalho escravo dentro de uma perspectiva lenta e gradual, e, para atender ao direito de propriedade, com indenizações. Para tanto, a elite agrária, por meio da imprensa e de pronunciamentos de seus representantes junto ao Parlamento, manipulou um discurso ideológico cujo conteúdo visava manter a ordem escravista e, quando muito, promover algumas tímidas mudanças, sem atropelos.

A campanha abolicionista, por outro lado, teve o mérito de ser um movimento que angariou a simpatia de diversos setores sociais, sobretudo, os urbanos, ganhando maior ímpeto a partir de 1870. Personalidades do mundo político, social e intelectual marcaram de forma definitiva o abolicionismo. Joaquim Nabuco, por exemplo, herdeiro de família aristocrática de Pernambuco, foi uma das vozes mais altivas no Parlamento na luta contra a escravidão. Em São Paulo, Antonio Bento, por meio dos **caifazes,** foi uma das lideranças mais atuantes em favor da abolição, optando, inclusive, por incentivar a fuga dos escravos das fazendas.

> ## CAIFAZES
>
> Os *Caifazes* eram abolicionistas de São Paulo que organizavam e patrocinavam fugas de escravos. Visitando fazendas, traçavam os planos da fuga; depois, davam cobertura aos fugitivos levando-os até um quilombo (geralmente do Jabaquara, a caminho do litoral sul de São Paulo), onde permaneciam em segurança até serem embarcados para a província do Ceará, trampolim para que fizessem a viagem de volta à África.
>
> Criados em 1884 por Luiz Gama, os caifazes também tiveram em Antônio Bento um dos seus mais notáveis líderes.

Além disso, determinados setores intelectuais também aderiram ao movimento antiescravista, principalmente em São Paulo e Rio de Janeiro, escrevendo artigos, organizando conferências abolicionistas e promovendo debates em torno da questão. A imprensa, por sua vez, também vai contribuir para a campanha se recusando a publicar notas que davam conta da fuga, venda ou aluguel de escravos, hábito muito comum durante longos anos nas principais cidades do país. Por último, coube ao Exército tomar a iniciativa de romper com o seu tradicional papel de capitão do mato, recusando-se, a partir de 1876, a capturar escravos fugitivos.

Diante de tal volume de envolvimento popular na campanha abolicionista, a elite procurou não perder o controle da situação. Prova disso foram as conservadoras leis do Ventre Livre e dos Sexagenários, que durante quarenta anos garantiram e consolidaram os interesses dos proprietários de escravos.

O fato é que a elite agrária mais dinâmica – os cafeicultores do Oeste paulista – já vinha promovendo a substituição do trabalho escravo pelo trabalho livre havia algum tempo. Por outro lado, áreas menos dinâmicas economicamente como Amazonas e Ceará já haviam decretado o fim da escravidão em suas respectivas províncias desde 1884. O fim da escravidão era, portanto, uma questão de tempo e, como diz Emília Viotti da Costa, a abolição "promovida principalmente por brancos, ou por negros cooptados pela elite branca [...] libertou os brancos do fardo da escravidão e abandonou os negros à sua própria sorte". (1979, p. 127.)

Mesmo assim, o golpe definitivo na escravidão foi dado somente pela Lei Áurea, de 13 de maio de 1888. Essa lei, porém, se por um lado desobrigou o governo a indenizar proprietários de escravos – criando dissabores entre os escravistas, principalmente da Baixada Fluminense e Vale do Paraíba – por outro não criou nem previu a criação de mecanismos que integrassem o negro na sociedade.

A decadência do Império

Os últimos anos do Império, sobretudo os que correm a partir de 1880, foram marcados por agitações constantes no cenário político.

As transformações verificadas no período pós-1850, com o fim do tráfico de escravos e a modernização de setores econômicos (como as atividades manufatureiras, o comércio de importação e exportação, as atividades bancárias e os setores de transporte e comunicação), permitiram o desenvolvimento urbano e a emergência de novos grupos sociais ligados, basicamente, a atividades urbanas e colocaram em xeque as estruturas arcaicas, conservadoras e centralizadoras do Reinado de D. Pedro II.

Diante de inúmeras demandas que partiam dos mais diversos setores sociais, coube ao Império ficar na defensiva reagindo por meio de medidas paliativas e incapazes de dar respostas aos novos grupos que ganham mais visibilidade no campo político. Entre eles, o Exército com quem o governo manteve querelas – as "Questões Militares" – ao longo da década de 1880.

A tensão entre o Exército e o governo ficou mais evidente em 1884, quando o Tenente-Coronel Sena Madureira publicou um artigo criticando o sistema previdenciário dos militares. O governo reagiu proibindo quaisquer formas de manifestação pública por parte dos militares. O próprio Sena Madureira envolveu-se em outro episódio conflitante quando recepcionou no Rio de Janeiro o jangadeiro cearense Francisco Nascimento, que ganhara fama ao se recusar a traficar escravos do Nordeste para o Sudeste. O ato de ousadia representou para Madureira a perda da direção da Escola de Tiro de Campo Grande, no Rio de Janeiro.

Essas indisposições entre altos oficiais do Exército e Governo Imperial somaram-se à campanha abolicionista, ao movimento republicano, à insatisfação da elite paulista do café e aos anseios de uma nova classe urbana, culminando com a deposição do Imperador no Golpe Militar de 15 de novembro de 1889, liderado por um ex-combatente na guerra contra o Paraguai, o Marechal Deodoro da Fonseca.

Mesmo diante de tentativa derradeira de promover uma reforma política através da nomeação do Visconde de Ouro Preto para a Presidência do Conselho de Ministros que apresentou projeto contendo propostas de avanço no campo político, a Monarquia não conseguiu se sustentar.

A República

A proclamação da República surpreendeu muita gente, inclusive alguns dos mais ardorosos republicanos.
Raul Pompeia, por exemplo, entre eufórico e surpreso, assim narrou os acontecimentos daquele 15 de novembro de 1889:

> [...] tenho apenas de arranjar uma nota do dia, rascunhada sobre o joelho, num rápido intervalo da vertigem dos acontecimentos que constituem hoje, 15 de novembro, a "Vida na Corte" [título de suas crônicas publicadas pelo O Farol, publicação de Juiz de Fora]. Na Corte, se nos é permitido ainda designar com esta denominação monárquica a capital da pátria brasileira [...] o elemento militar, unido em formidável movimento de solidariedade, derrubou o Ministério Afonso Celso [...] Depois de intimarem ao governo a retirada do poder, as tropas desfilaram pela cidade em marcha triunfal [...] Não há notícia de menor desordem.
> Os diretores do movimento revolucionário reunidos em casa do General Deodoro no campo de Sant'Anna, em duas longas conferências, deliberaram a respeito da constituição do Governo Provisório e das primeiras medidas de garantia de segurança pública. (O Farol, 17 nov. 1889.)

É evidente o entusiasmo do cronista. Fiel republicano, militante ativo do movimento desde os tempos da Faculdade de Direito (o que lhe valeu muitos dissabores), Pompeia narrou todos os movimentos que cercaram o golpe de 15 de novembro de 1889 e seus dias subsequentes. Para o *Jornal do Commercio* do dia 24 de novembro, escreveu uma longa crônica comentando todos os fatos relativos à "revolução do dia 15", designação dada pelos republicanos jacobinos brasileiros ao movimento que transcorreu de forma absolutamente pacífica. Pompeia procurou justificar porque na tal "revolução" não houve derramamento de sangue:

> [...] porque houve quem como um digno jornalista estrangeiro, residente entre nós, estranhasse não ter havido sangue. Que diacho! Se existe alguma coisa que mereça que por ela se derrame o precioso líquido são as instituições... Mas cumpre não esquecer, amigo, que uma monarquia de alguns anos, na América, não é a mesma coisa que as monarquias de muitos séculos da Europa, onde o solo inteiro respira tradições, quer dizer preconceitos históricos, duros de desenraizar, como tudo que é preconceito e tudo que tem por si o fetichismo cabeçudo do status. A monarquia no Brasil não tinha monarquistas por si, tinha brasileiros. Todos aceitavam-na, porque não era pesada.

A crônica de Pompeia faz referência a uma questão importante. Como explicar que a monarquia de Pedro II tenha sido derrubada depois de quase meio século de governo sem que houvesse resistência mais aguda? Para Raul Pompeia, a razão se encontrava no fato de que a monarquia no Brasil, enquanto regime político de governo, não havia se enraizado entre os brasileiros. No entanto, podemos encontrar nessa ausência de resistência justamente a chave para a compreensão de outros momentos históricos importantes, como a Independência e a Abolição da Escravidão: não há na queda do II Reinado uma ruptura com o passado, ou seja, a elite que tinha o poder econômico passou a controlar diretamente o aparelho de Estado. Os vencedores em 1889 são os republicanos históricos e os oportunistas que aderiram ao novo regime como forma de garantir os privilégios de classe.

Outra testemunha ocular dos acontecimentos de 15 de novembro foi o jornalista Aristides Lobo, que em carta dirigida ao *Diário Popular*, de São Paulo, datada de 18 de novembro daquele ano, afirma que o povo "havia assistido a tudo bestializado", ou seja, pouco ou nada entendendo da movimentação civil-militar que destronou D. Pedro II. Essa frase deixa claro que o movimento republicano também foi elitista, reunindo os mais prestigiados, os ricos e os letrados.

A ausência popular denunciada pela frase de Aristides Lobo é também uma constatação muito clara de que a República não atendia aos anseios populares. Embora muitos militantes republicanos históricos como Lopes Trovão, Silva Jardim e Raul Pompeia tivessem defendido abertamente, em comícios, conferências e artigos veiculados pela imprensa, um conteúdo de natureza mais radical para os rumos da república brasileira, o modelo republicano adotado pelo movimento era conservador e excludente. Talvez a frase de Aristides Lobo fosse um prenúncio do que ocorreria com os destinos da República, pois logo em seus primeiros anos levantaram-se aqueles que discordavam dos rumos tomados pela política, abrindo sérias divisões internas entre os republicanos e fazendo emergir grupos mais radicais, como os **jacobinos**.

Consolidado o golpe e extinta a ordem política monárquica, era preciso constituir um governo provisório que pudesse assumir o poder e manter a ordem. Imediatamente instalou-se um governo sob a chefia do Marechal Deodoro da Fonseca, que tomou a decisão de divulgar um Manifesto à nação. Os termos do Manifesto são no sentido de garantir segurança e respeito aos direitos individuais, além de assegurar aos interesses internacionais que o governo, ainda que provisório, cumpriria contratos e compromissos assumidos pelo governo anterior.

Assinam o manifesto, além do próprio Marechal Deodoro, Aristides Lobo, Benjamim Constant, Almirante Eduardo Wandenkolk e Quintino Bocaiúva. (CARONE, 1969, pp. 13-14.)

O Governo Provisório

Instalado o governo provisório, vem a público o primeiro decreto do novo regime redigido por Rui Barbosa. Nele é possível perceber a influência do modelo republicano norte-americano, lembrado até mesmo na designação que o país passa a adotar: Estados Unidos do Brasil. O Decreto institui ainda o federalismo, antiga reivindicação dos republicanos, e substituiu o termo "províncias" pela expressão "estados".

Muitos outros decretos vieram. Aliás, neste particular, como lembra o historiador Marco Antonio Villa, a "fúria legislativa do Governo Provisório" parecia não ter fim. Por meio deles foi extinto o Senado vitalício, dissolvida a Câmara dos Deputados, suprimiu-se o Conselho de Estado, convocaram-se eleições para a Assembleia Nacional Constituinte e concedeu-se a cidadania para milhares de estrangeiros.

Em relação à Igreja e aos assuntos religiosos, o Governo Provisório decretou o fim do Padroado e do Beneplácito, separando a Igreja do Estado, e garantiu a liberdade de culto, mas não adotou o catolicismo como religião oficial.

Chamam a atenção os decretos que tratam sobre membros do antigo regime monárquico. O Visconde de Ouro Preto, último Presidente do Conselho de Ministros do Império, foi banido do país por meio do decreto n. 78. Já o decreto n. 78 A vai não só confirmar o banimento de D. Pedro II como "acrescenta a proibição de sua família possuir bens em território nacional". (VILLA, 1997, p. 24.) Aliás, a partida de D. Pedro II e da Família Real para a Europa vai ser narrada por Raul Pompeia em um de seus textos mais emblemáticos, intitulado "Uma Noite Histórica".

O decreto n. 510 convocou eleições para a formação da Assembleia Nacional Constituinte, que tomou posse em 15 de setembro de 1890. Essa Assembleia votou um anteprojeto preparado por uma comissão supervisionada por Rui Barbosa. Portanto, a primeira Constituição da República já nasce sob a interferência do Poder Executivo em assuntos legislativos.

Inspirada no modelo republicano norte-americano, a primeira Constituição da República foi promulgada em 24 de fevereiro de 1891, trazendo em seus dispositivos elementos amplamente favoráveis aos interesses políticos regionais, contribuindo para a consolidação do poder político das oligarquias estaduais, sobressaindo, entre elas, a de São Paulo, estado mais rico da nova federação e, por conseguinte, que passará a ter maior influência na política nacional.

A Constituição de 1891 consagrou o federalismo (antiga reivindicação das oligarquias regionais), a República presidencialista (com mandato de quatro anos para o chefe do Poder Executivo), a separação dos poderes tanto em nível federal como estaduais e o sistema de voto direto extensivo a todos os brasileiros maiores de 21 anos, exceto para mulheres, frades, mendigos, analfabetos e soldados rasos. Contrariando a ideia de que num regime republicano tem-se sempre uma participação política mais ampla, a exigência da alfabetização excluiu milhares de brasileiros natos ou naturalizados do processo eleitoral.

A economia

No campo econômico, a inovação republicana veio com o Ministro da Fazenda do Governo Provisório, Rui Barbosa, que tomou iniciativas no sentido de estimular o desenvolvimento das atividades industriais no Brasil.

Aumentando as taxas sobre importações e abrindo linhas de crédito para fins industriais, o Ministro planejava mudar os rumos da economia, com o país deixando de ser apenas exportador de matérias-primas.

Para facilitar a oferta de dinheiro, o decreto de Rui Barbosa autorizou a criação de bancos emissores, localizados em três áreas estrategicamente escolhidas: Salvador, cobrindo o Norte-Nordeste, Porto Alegre, para a região Sul e o Rio de Janeiro para o Centro e o Sudeste.

A política emissionista gerou um clima de euforia sem limites, provocando uma corrida à Bolsa de Valores do Rio de Janeiro onde eram negociadas as ações das muitas empresas nascidas dessa política, algumas delas, inclusive, fantasmas. Para Bóris Fausto, a essa onda especulativa na bolsa é que, possivelmente, teria se usado a palavra "encilhamento" – "local onde são dados os últimos retoques nos cavalos de corrida antes de disputarem os páreos. Por analogia, teria sido aplicada à disputa entre as ações das empresas na Bolsa do Rio de Janeiro, trazendo em si a ideia de jogatina". (*História do Brasil*, p. 252.)

Fraudes, empresas fantasmas, especulação financeira, alta inflacionária dos preços levaram o governo a recuar e suspender a emissão de papel-moeda, aprofundando ainda mais a crise, pois as empresas não podiam recorrer a empréstimos oficiais para honrarem compromissos. Em consequência, falências e desemprego em grande volume.

Apesar de tudo, o Encilhamento trouxe à baila uma questão que poucos se deram conta: a dos setores que se beneficiaram com a Proclamação da República. De um modo geral, os estudiosos apontam para o setor cafeicultor como o grande beneficiário, mas como diz Fernando Henrique Cardoso "com ou sem êxito, entretanto, o fato é que a expansão dos bancos emissores, a enxurrada de papel-moeda e de emissões de ações por parte de companhias que se formavam confirmam que entre as forças que se beneficiaram imediatamente com a Proclamação da República contavam-se setores industrial-financeiros urbanos. O período 1890-1891 foi marcadamente inflacionário e industrialista". (1975/1977, t. 3, v. 1, p. 33.)

Contudo, triunfara mesmo a "vocação agrícola" do país, que naquela época era representada pela cafeicultura.

Trazidos da Guiana Francesa, os primeiros pés de café foram cultivados como planta medicinal no Norte-Nordeste, adquirindo o caráter de alimento somente no Sudeste.

Na Baixada Fluminense e no vale do rio Paraíba (divisa entre São Paulo e Rio de Janeiro), o café foi cultivado por escravos e ocupou posição de destaque nas exportações. Porém, foi com a extinção do tráfico negreiro e a chegada do imigrante que os cafezais atingiram o Oeste paulista e a produção chegou a representar 70% do valor exportado.

Nesse contexto, os capitais que antes eram investidos no tráfico de escravos e parte da riqueza produzida pelo café foram direcionados para a modernização do Sudeste: construíram-se ferrovias ligando o interior cafeeiro ao litoral, equiparam-se portos e instalaram-se redes telegráficas. Em geral, as cidades situadas nas regiões de cultivo do café passaram por melhorias como iluminação pública, canalização de esgotos e calçamento de ruas; mas foi São Paulo que mais se beneficiou do "ouro verde".

A capital paulistana saltou de 28 mil habitantes em 1860, quando era considerada apenas uma vila, para 65 mil moradores em 1890 e 240 mil dez anos depois. Esse aumento vertiginoso da população foi consequência da imigração e da atração que a cidade, com suas lojas, oficinas e fábricas, passou a exercer sobre o campo.

O crescimento das cidades aumentou a força política dos grupos urbanos, entre eles os intelectuais como Raul Pompeia, que aspiravam por maior participação política.

"Os grandes centros sensórios do nosso organismo de interesses estão em Londres ou em Lisboa. Ausentes de nós, portanto. Somos assim em economia política uns miserandos desvertebrados."
(POMPEIA, prefácio ao livro *Festas Nacionais* de Rodrigo Otávio, 1893.)

O Governo Constitucional

Em meio à crise do Encilhamento, tomou posse Marechal Deodoro da Fonseca, eleito indiretamente para um mandato de quatro anos. Como o voto não era vinculado, para a vice-presidência foi eleito o Marechal Floriano

Peixoto, candidato por outra chapa e claramente apoiado pelo Partido Republicano Paulista.

O governo de Deodoro foi marcado por inúmeros problemas, que acabaram por abreviá-lo. Primeiramente, porque o Marechal encontrou forte oposição no Congresso Nacional, onde o Partido Republicano Paulista já contava com articulado quadro de representantes; depois, sucessivas denúncias de corrupção, tráfico de influência e práticas de favorecimentos foram feitas pela imprensa. Havia ainda oposição dentro das Forças Armadas.

A situação agravou-se com a tentativa do Congresso Nacional em aprovar a Lei das Responsabilidades do Presidente, vista por Deodoro como uma clara tentativa de limitação do seu poder. Deodoro, então, antecipou-se às manobras dos parlamentares e decretou, a 3 de novembro de 1891, o fechamento do Congresso, o Estado de Sítio e a suspensão da Constituição.

No decreto, Deodoro culpou o Congresso pela decisão enérgica que se viu obrigado a tomar e acusou parlamentares de estarem mancomunados com interesses restauradores. Ou seja, levantou a hipótese de que havia em curso uma conspiração monárquica: "Contemporizei até agora. Se na crise em que se encontra a República eu não apelasse para a Nação, dissolvendo, como dissolvo, o atual Congresso, eu seria um traidor à Pátria". (CARONE, 1969, p. 22.)

Em resposta ao golpe do Marechal Deodoro, os congressistas lançaram um Manifesto à Nação, no qual acusaram o governo de fazer negócios escusos com o dinheiro da pátria, além de ser fraco, incompetente e sem prestígio popular. Em razão da censura que imperava na capital da República, os efeitos do manifesto foram mínimos.

A estratégia golpista de Deodoro encontrou resistências por todos os lados: a grande maioria dos governadores não o apoiou na decisão de fechar o Congresso e setores militares declararam-se abertamente antideodoristas, como ocorreu com o Almirante Custódio José de Melo.

Diante de tantos obstáculos e da ameaça de bombardeamento do Rio de Janeiro por navios da Armada comandados por Custódio de Melo, Deodoro renunciou em 23 de novembro de 1891. Sua atitude, entretanto, estava longe de pôr fim aos conflitos políticos que marcaram os primórdios da república brasileira.

O governo Floriano Peixoto

Com a renúncia de Deodoro, a presidência ficou com Floriano Peixoto, considerado pela elite paulista ligada ao café como uma garantia de consolidação do regime republicano. Como diz o historiador Bóris Fausto "ao contrário do que se poderia prever, houve na presidência de Floriano um acordo tácito entre o presidente e o PRP. As razões básicas para isso foram os riscos, alguns reais, outros imaginários, que corria o regime republicano. A elite política de São Paulo via na figura de Floriano a possibilidade mais segura de garantir a sobrevivência da República, a partir do poder central. Floriano, por sua vez, percebia que sem o PRP não teria base política para governar". (2001, p. 254.)

Apesar da base de apoio, o governo Floriano caracterizou-se, desde o início, pela violência e pelo uso da força contra qualquer foco de resistência ao novo regime político. Exemplo disso foi a dura repressão à revolta da Armada, quando trouxe couraçados do exterior e distribuiu fuzis à população do Rio de Janeiro.

A forte preocupação de Floriano com a defesa da República tornou-o admirável para alguns e repulsivo para outros, contribuindo para dividir ainda mais os republicanos entre florianistas, como Raul Pompeia e Arthur Azevedo, e os que se colocavam numa trincheira mais liberal, como Olavo Bilac e Euclides da Cunha.

Por essa época, Raul Pompeia está totalmente absorvido pelas atividades políticas, envolvendo-se abertamente na defesa do governo de Floriano Peixoto. Em meio a manifestações de repúdio ao presidente, Pompeia o defende escrevendo: "Por mais que a política, e especialmente a má política que há tanto tempo se faz, possa ter dividido os brasileiros em campos opostos, o sentimento de nacionalidade é tão superior a essas dissensões que temos a certeza de que todos desaparecerão no momento em que for preciso defender a honra da pátria. Nesse momento será a única aspiração de todos os brasileiros congregarem-se em torno do seu governo, legítimo representante da soberania nacional". (POMPEIA, v. IV, p. 303.)

Cresce a repressão aos opositores e, em 1893, o Almirante Custódio José de Melo se levanta contra o governo, desencadeando a Revolta da Armada.

A Revolta da Armada e a Revolução Federalista

A 6 de setembro de 1893 um manifesto à nação assinado pelo Almirante Custódio de Melo deflagrou a rebelião: "Contra a Constituição e contra a integridade da própria Nação, o chefe do Executivo mobilizou o exército discricionariamente, pô-lo em pé de guerra [...] Contra quem? Contra inimigo do exterior, contra estrangeiros? Não... O vice-presidente da República armou brasileiros contra brasileiros; levantou supostos patriotas, levando o luto, a desolação e a miséria a todos os ângulos da república, com o fim único de satisfazer caprichos pessoais e firmar no futuro, pelo terror, a supremacia de sua ferrenha ditadura". (CARONE, pp. 27-28.)

Daquela data até março de 1894, a Armada sitiou a cidade do Rio de Janeiro e a baía da Guanabara, ameaçando bombardear a capital da República.

Com apoio de São Paulo e do Congresso Nacional que lhe concedeu a permissão de decretar "estado de sítio", Floriano formou milícias populares reforçadas por soldados regulares e encomendou navios de guerra couraçados no exterior.

Enquanto isso, os revoltosos ganharam a adesão do Almirante Saldanha da Gama, chefe da Escola Naval e ferrenho monarquista, fato que atribuiu à rebelião um caráter restaurador. A opinião pública carioca mobilizou-se, então, na "defesa patriótica" do novo regime. Sobre esse momento, a historiadora Suely Robles Reis de Queirós no livro *Os radicais da República* considera o episódio da Revolta da Armada como decisivo para a formação dos "Batalhões Patrióticos", como ficaram conhecidos os republicanos jacobinistas de marcada conotação radical aos quais aliou-se Raul Pompeia.

A revolta foi debelada e uma parte dos rebeldes sob as ordens de Custódio de Melo deslocou-se para o Sul, juntando-se aos **federalistas**, grupo político gaúcho antiflorianista e que se encontrava em levante antes mesmo da revolta no Rio de Janeiro.

Iniciada antes da Revolta da Armada e independente dela, a Revolução Federalista no sul do país estendeu-se até o governo de Prudente de Moraes. Num primeiro instante, a revolta do sul foi motivada por fatores internos ao próprio processo político gaúcho; mas, posteriormente, ganhou contornos antiflorianistas. Os republicanos do sul aderiram ao positivismo desde o princípio passando, inclusive, a ter influência sobre a decisão do governo central.

Proclamada a República, os republicanos gaúchos deram um caráter particular ao Rio Grande do Sul em comparação aos demais estados do Brasil. A sua Constituição estadual, por exemplo, era a única a prever o princípio da reeleição do presidente do estado. Além disso, o dia para a sua promulgação foi escolhido propositalmente: 14 de julho, data da Queda da Bastilha, acontecimento decisivo para a Revolução Francesa.

Na própria Assembleia Nacional Constituinte de 1890-1891, os republicanos gaúchos, conhecidos como **maragatos**, defenderam um regime republicano mais radical, com total autonomia para os estados. Foram contidos pelos republicanos moderados, os **pica-paus**.

Com a subida ao poder de Floriano Peixoto, os pica-paus ganharam o apoio militar do Exército e logístico do Estado, fazendo crescer a animosidade aos florianistas no sul do país.

A derrota dos revoltosos da Armada no Rio de Janeiro, com a posterior adesão destes aos federalistas, prolongou ainda mais as disputas, generalizando a violência. Sandra Jatahy Pesavento, em estudo sobre o tema, afirma que "a prática da 'degola'" tornou-se comum de ambas as partes: "uma vez desencadeada a violência, a barbárie se deu num crescendo. A cada piquete aprisionado e degolado, o adversário vingava-se com uma atrocidade maior". (1983, pp. 89-91.)

O conflito chegou ao fim em agosto de 1895, já durante o governo do paulista Prudente de Moraes, que garantiu aos derrotados radicais o reconhecimento de seus direitos civis. As lutas deixaram cerca de 10 mil mortos.

Mesmo tendo contido a Revolta da Armada e praticamente resolvido o conflito no Rio Grande do Sul, a presença de Floriano ainda causava dissidências no meio político e intelectual.

Para Raul Pompeia, no entanto, o Marechal simbolizava a consolidação da República, razão pela qual ele defendia o militarismo florianista. Ele argumentava que os militares representavam uma categoria social fundamental na constituição de uma nova classe dominante, forte e dinâmica, capaz de incrementar a economia do Brasil em bases eminentemente capitalistas. Com essa nova elite dirigente, defendia Pompeia, o país se livraria das antigas oligarquias, que o condenavam ao eterno agrarismo rural e à dependência das potências estrangeiras. A esse respeito diz ele: "O militarismo, isto é, a preponderância política dos militares, sua atenta intervenção nas coisas políticas, pode trazer dificuldades especiais. Mas o Brasil, povo que apenas se forma, pode sofrer de um mal, inerente à sua condição de povo nascente, bem mais perigoso – o cosmopolitismo". (POMPEIA, v. IV, p. 379.)

Por outro lado, Floriano Peixoto estimulou, ainda que não abertamente, a atuação do grupo republicano mais radical conhecido como jacobinos. Por meio de apelos ao patriotismo, à defesa da pátria e ao nacionalismo dos cidadãos, terminou por dar visibilidade aos ideais desse agrupamento político.

Raul Pompeia e os jacobinos identificavam nos monarquistas e comerciantes portugueses que controlavam os negócios na capital da república os reais inimigos da Pátria e, por consequência, do povo brasileiro. Para ele, o Brasil sofria "de uma enfermidade social", resultante de um grande inimigo histórico, o problema colonial". Colocando a questão claramente, afirma: "dois únicos partidos em guerra de morte invadem hoje o campo político [...] Só entre esses dois adversários se trava realmente o conflito da política brasileira – o partido da emancipação e o partido da colônia". (POMPEIA, v. IV, p. 292.)

Mesmo a crise econômica vivida pelo país é, no ponto de vista de Raul Pompeia, resultado de anos de exploração colonial, cujos pilares foram representados pela monarquia e pelas oligarquias agrárias: "foi o crime do Segundo Reinado que contra a nossa história não promoveu a mínima tentativa. Pelo contrário. Nós fomos colônias [...] o estrangeiro, sem zelos de pátria, seria pelo trono, por amor do monopólio das especulações mercantis, assim como o fazendeiro era pelo trono, por amor da manutenção do trabalho servil. [...] comprou a tão preconizada paz do seu reinado hipotecando imperdoavelmente o futuro da pátria, vendendo-nos dia a dia, pelo preço dos déficits que os financeiros da República somam agora com pavor, aos dois senhores outrora dessa terra – o escravocrata e o português". (POMPEIA, v. IV, pp. 292-293.)

É nesse contexto de polarizações ideológicas e políticas que o Marechal Floriano Peixoto transmitiu o cargo ao primeiro presidente civil da República, Prudente de Moraes, paulista de Itu, representante do setor cafeeiro. Com isso, em 1894 chegam ao poder as elites agrárias que controlaram a política do país até 1930. Iniciou-se a fase da **República das Oligarquias**, na qual dois estados – São Paulo e Minas Gerais – tornaram-se politicamente hegemônicos.

Prudente de Moraes assumiu a presidência e enfrentou turbulências ao longo de seu mandato por conta da Revolução Federalista (que ainda não havia terminado), da Guerra de Canudos no sertão da Bahia e também por causa da movimentação jacobinista que, apesar da saída de cena de Floriano Peixoto, continuava em pleno vigor.

A República sonhada pelos intelectuais tomou outros rumos, tornando-se a República dos fazendeiros.

Reflexão e Debate

1. Explique a relação entre os interesses ingleses e a Lei Eusébio de Queiroz.
2. Aponte e comente as consequências políticas, para o Brasil, da guerra contra o Paraguai.
3. Faça uma síntese da importância política dos fazendeiros do Oeste paulista.
4. Mostre a opinião de Raul Pompeia sobre o golpe de 15 de Novembro que implantou a República no Brasil.
5. O que foi o Encilhamento?
6. Caracterize o "florianismo" e responda: como os seus seguidores reagiram à ascensão das oligarquias?

Parte III

Temas

A melhor propaganda política é um convite de cada político, de cada cidadão a si mesmo, para o procedimento correto e intemerato da vida pública. Façamos a greve da moralidade! É o conselho a seguir. E o governo, bloqueado pela energia unânime do povo, há de ser necessariamente honrado e bom. (1891.)

Raul Pompeia e o Abolicionismo

Como boa parte dos intelectuais de seu tempo, Raul Pompeia vai cerrar fileiras no movimento abolicionista que ganhou mais vigor após o término da Guerra do Paraguai. Isso aconteceu porque negros e brancos combateram lado a lado e, voltando vitorioso, o Exército brasileiro passou a recusar-se a continuar no papel de capitão do mato capturando escravos fugidos das fazendas, assumindo uma postura francamente abolicionista.

O primeiro texto de caráter abolicionista atribuído a Raul Pompeia foi publicado quando ele ainda era estudante do Colégio Pedro II e participava do Grêmio Literário "Amor ao Progresso", que reunia alunos daquela instituição. Foi um artigo publicado na revista *As Letras,* claramente inspirado no poema "Navio Negreiro", de Castro Alves.

Nesse texto, Pompeia já apresenta firmeza na convicção contra o escravismo e os seus defensores:

> *O que é aquele objeto negro que flutua pelas ondas, vagaroso, pesado?... Um féretro a boiar? Não, é um navio. O que leva? A morte? Não, o cativeiro... [...] E o navio avança, tétrico. Vai para a América. Transporta escravos... Vil barcaça carregando a vergonha de uma nação!. [...] O barco representa uma pirâmide de infâmia. O vértice é a bandeira. [...] Sobre a bandeira nacional está a noite da vergonha: a mancha da profanação. [...] Apagai da História o romance lúgubre da escravidão, que lhes ides escrevendo à margem.* (*As Letras*, ano I, nº 2, 30 nov. 1880.)

Com o passar do tempo, sua posição antiescravista vai se tornando mais radical, deixando para trás o sentimentalismo que o texto de estreia denota.

Quando de sua mudança para São Paulo, onde vem para estudar na Faculdade de Direito do Largo de São Francisco, a famosa Academia Paulista, Pompeia passou a conviver com líderes abolicionistas, como Luís Gama e Antonio Bento, entre outros, e dessa convivência cristalizou-se a ideia de que era preciso combater a escravidão por meio da revolta e das armas:

> *E pretendei que o pobre negro, que a falta de cultura moral deixou quase tão selvagem como os seus avós da floresta africana, não se lembre de fazer-vos mal, a vós que lhe dais para pão de cada dia todas as torturas...*
>
> *A humanidade só tem que felicitar-se quando um pensamento de revolta passa pelo cérebro oprimido dos rebanhos operários das fazendas. A ideia de insurreição indica que a natureza humana ainda vive.*
>
> *Todas as violências em prol da liberdade violentamente acabrunhada devem ser saudadas como vinditas santas.*
>
> *A maior tristeza dos abolicionistas é que estas violências não sejam frequentes e a conflagração não seja geral.* (Çá Ira!... São Paulo, ano I, nº 1, 19 ago. 1882.)

Da convivência com Luís Gama nasceu um profundo respeito pelo líder abolicionista, fato que será lembrado em diversas crônicas de Pompeia como a que escreveu por ocasião do primeiro ano da morte de Gama, em 1884.

Publicada na *Gazeta de Notícias,* do Rio de Janeiro, a crônica retrata um perfil do autor de *Trovas Burlescas do Getulino* (obra póstuma):

> *Faz hoje um ano exatamente que realizou-se na capital de São Paulo uma solenidade profundamente significativa, e cujo entusiasmo espontâneo e franco impressionou de modo notável a quantos presenciaram-na. [...] Um préstito imenso encheu a rua. [...] Era o povo de São Paulo que ia levar coroas ao túmulo de Luís Gama. Havia um ano morrera o grande brasileiro. [...] Entre os beneméritos, Luís Gama será talvez o mais honrado. [...] Diversamente do que se dá com outros homens ilustres, fez da obscuridade o seu valor e da modéstia a sua grandeza. Soube-se da sua glória, quando ele morreu [...] A vida de Luís Gama é este romance sublime de uma vingança tomada aos homens pelo requinte do amor e pela força da caridade.* (24 ago. 1884.)

Outro personagem das lutas abolicionistas Antonio Bento, líder dos Caifazes, organização que trabalhava para a fuga de escravos das fazendas do interior paulista, foi enaltecido por Raul Pompeia que o chamou de "legenda do nevoeiro paulista":

> *A luta de Antonio Bento em São Paulo é a mais interessante. O seu sistema era a emboscada, o segredo, o repente de aparição, a espantosa audácia, o atrevimento burlesco às vezes, que aterrava e fazia rir. E conseguiu, segundo a lição de Luís Gama, estender por toda a província*

> *o aparelho nervoso de seus expedientes. Criou na cidade a legião dos caifases [...] Foram os caifases os anjos negros que partiram a incendiar a sedição nos caifases, dominando a província inteira.* (Gazeta de Notícias, 27 ago. 1888.)

A questão das indenizações

Após a lei de 13 de maio de 1888 os proprietários de escravos, principalmente da Baixada Fluminense, desencadearam uma forte pressão sobre o governo no sentido deste indenizá-los pelas perdas financeiras que tiveram com a libertação dos escravos.

Em diversas sessões, o Parlamento debateu a questão. Joaquim Nabuco foi um dos que mais resistiram à ideia de indenização, argumentando que ao indenizar "o senhor, por que reconhecera antes a escravidão, o Estado estava obrigado a indenizar também o escravo, desde que reconheceu o seu direito à liberdade". (*Diário de Minas,* Juiz de Fora, 22 jul. 1888.)

Raul Pompeia também se opunha veementemente à reivindicação dos proprietários, atacando principalmente o Barão de Cotegipe a quem acusa de representante dos "indefesos sebastianistas da indenização" e argumentando, em termos morais, que a propriedade de escravos não podia ser entendida como uma propriedade convencional e sim como uma ilegalidade que atentava contra a humanidade, não cabendo, portanto, nenhum reparo financeiro:

> *Indenização? E como fazer a indenização das dores, do pranto e do suor gratuito de três séculos de verão, do sangue de três séculos de*

castigos, suado, vertido sobre a terra ingrata, por favor exatamente da classe dos agricultores que, sobre a fertilidade cruenta de tão econômicas colheitas, pôde constituir-se a primeira e mais poderosa, como ela própria o afirma, de todas as que votam no escrutínio político da opinião?

Na concepção de Pompeia, a resistência dos proprietários escondia outros interesses que eram exatamente o de "desacreditar a Lei de 13 de maio", provocando assim o desgaste do Gabinete e, consequentemente, a sua queda. As dificuldades vividas pela agricultura naquela oportunidade não tinham relação com a extinção do trabalho escravo, segundo Pompeia, pois que elas já vinham muito antes do 13 de maio com as sucessivas fugas de escravos das fazendas. A questão não era indenização, mas a nova mentalidade capitalista expressa pelo trabalho livre. E, nesse aspecto, percebe-se uma certa tendência de Pompeia em aceitar o ideário liberal.

Raul Pompeia e o preconceito racial

A abolição da escravidão não representou para os negros a possibilidade de integração à sociedade dos brancos. Como dizia Raul Pompeia, a lei de 13 de maio de 1888 somente "extinguiu o trabalho escravo". Séculos de escravidão consolidaram uma mentalidade preconceituosa e racista, embora não tão explícita quanto no caso dos Estados Unidos da América. A miscigenação mascarou a realidade de marginalização do negro no Brasil.

Refletindo sobre a questão do preconceito racial no contexto da passagem do trabalho escravo para o trabalho livre, assim vai se posicionar Raul Pompeia:

> *Contra a estupidez do ódio de raça, de que haverá talvez quem se ufane, existe imediatamente a objeção dos sentimentos de caridade [...]*
>
> *Ódio de raça contra uma pobre raça oprimida e deprimida é, antes de tudo, uma barbaridade soez.*
>
> *No Brasil, seria monstruoso; ódio de raças nesta terra, onde sobre o sacrifício de uma, se fez toda a prosperidade de outra, desde a prosperidade material da economia doméstica, até a prosperidade intelectual, porque com o trabalho do escravo pagava-se a matrícula dos cursos, aos quais os senhores, os filhos dos senhores iam aprender pretextos darwinianos para desumanos desprezos; nesta terra onde a raça do trabalho foi perpetuamente exemplo de paciência e submissão, disparate de instintos bons que deviam existir em naturezas deformadas pela escravidão e que, mesmo no dia inesperado da liberdade, tão simpaticamente se fizeram notar na prudência, no comedimento das manifestações de alegria...*
> (*Diário de Minas*, Juiz de Fora, 13 jan. 1889.)

Raul Pompeia e a dependência econômica

Entre tantos temas abordados por Raul Pompeia em suas crônicas e panfletos políticos, um dos que mais chama a atenção é o da dependência econômica. Pompeia manifestava perfeita consciência de que a questão que atormentava o país naquele contexto era a fragilidade econômica, que associada ao regime de trabalho escravo comprometia decididamente o futuro da nação.

Não é explícito em seus textos o ideário liberal, mas nas entrelinhas é possível concluir que Pompeia tinha uma formação intelectual bastante consistente no liberalismo clássico. Uma demonstração desse seu pensamento é, por exemplo, o editorial de estreia do *Çá Ira!*, folha que circulou em São Paulo meados de 1882, onde defende a livre concorrência e o trabalho assalariado como fontes inestimáveis de riqueza do Estado:

> *O trabalho, como tudo que refere-se à vontade humana, obedece às leis morais.*
>
> *O nosso solo, diz-se e com exatidão, é fertilíssimo; porém, para adquirirmos a riqueza, para extrairmos o proveito dessa fertilidade, é de grande urgência que moralizemos entre nós um dos principais agentes da riqueza – o trabalho.*
>
> *A nossa lavoura perece e ninguém afirmará seriamente que a causa desse fenômeno mórbido esteja na falta dos elementos naturais da riqueza. Os outros países se avantajam ao nosso na concorrência à venda de seus produtos.*
>
> *Se temos uma natureza verdadeiramente pródiga, por que esse temor pela concorrência? Qual a razão da nossa inferioridade perante os nossos competidores? É porque não sabemos nos servir dos nossos recursos, é porque o trabalho nacional não se regulariza devidamente.*
> (São Paulo, ano I, nº 1, 19 ago. 1882.)

Nos primeiros anos da República, quando Rui Barbosa, então Ministro da Fazenda, decidiu-se por implementar uma política de incentivo à industrialização, Pompeia manifestou-lhe seu apoio:

> *Em frente à Imprensa Nacional, num delírio que excede a toda descrição, essa massa de povo condensou-se sob a janela donde a contemplava o Dr. Rui Barbosa e prorrompeu em aclamações ao maior amigo do povo, ao organizador do trabalho nacional, ao Primeiro Ministro Brasileiro que, fazendo frente ao preconceito tão bem aproveitado pelos inimigos do Brasil, de que o Brasil é essencialmente agrícola, exclusivamente agrícola como a China, compreende que a maior felicidade pública de oferecer ao mundo a vasta agricultura do seu território, mas sob condição de prover quanto mais possa as necessidades da sua existência com os recursos da própria indústria.* (Jornal do Commercio, 16 ago. 1890.)

Raul Pompeia não era um teórico político, mas suas posições em favor da livre concorrência, do trabalhador assalariado, da indústria o aproximam de um campo de ideias manifestamente liberal. Como sabemos, no Brasil o liberalismo não representou uma simples transposição de seus conceitos clássicos, havendo uma espécie de adaptação aos interesses de uma classe dominante avessa a valores como mérito e capacidade individual. No Brasil, prevaleceu a sociedade de favores, sustentada por rígido sistema de exploração do trabalho, que nada tem a ver com os ideais clássicos do liberalismo.

Foi no texto *Carta ao Autor de Festas Nacionais*, prefácio que escreveu em 1893 para o livro de Rodrigo Otávio, que Raul Pompeia manifestou de forma mais acabada e radical sua visão acerca da situação econômica do Brasil, denunciando os grupos que amarravam o país à eterna dependência em relação aos grandes centros financeiros: *"A definição econômica desta desordem é que o sofisma da nossa independência, que não aniquilou a influência dos antigos metropolitanos agravado pela incúria calculada do Segundo Reinado, constituiu-nos povo sem classes conservadoras".* (POMPEIA, 1981, p. 82.) Considera, assim, que do ponto vista histórico não houve rompimento com a condição de colônia, pois a Independência e o Império perpetuaram a situação de ingerência estrangeira em assuntos nacionais.

Por outro lado, denuncia a ausência de uma classe econômica que tivesse sentimento de patriotismo e que se opusesse aos "metropolitanos" (implicitamente Portugal e Inglaterra):

> *É um fenômeno curioso de teratologia econômica. A classe dos proprietários, únicos conservadores possíveis brasileiros, não tardou em se confundir na ordem de interesses do comércio, dominada pelo negociante astuto, fornecedor e comissário. Além destes, o comércio e a indústria, centros de egoísmo vital em todas as nacionalidades, sendo entre nós e permanecendo exclusivamente representados por estrangeiros, população nômade de ganhadores, exportadores perpétuos de dinheiro, jamais capitalizando entre nós os lucros de suas especulações, nem sequer por meio de edificações decentes de residência,*

> *porque as populações nômades, dispostas a bivacar, nunca foram fortes em arquitetura, achou-se a pátria brasileira ao desamparo do mais valente estímulo patriótico, o patriotismo melindroso das classes ricas.* (POMPEIA, 1981, p. 82.)

E concluía seu pensamento atacando aqueles que colocavam em risco os destinos da República por força de seus interesses financeiros:

> *Os grandes centros sensórios do nosso organismo de interesses estão em Londres ou em Lisboa. Ausentes de nós, portanto. Somos assim em economia política uns miserandos desvertebrados. Esta singular lesão evidencia-se bem por sintomas dispersos de incoordenação mórbida em nossa vida social. Por ela se explica a paciência com que os nossos pretensos conservadores aturaram bestializados, durante todo o Segundo Reinado, o regime mortal dos déficits financeiros [...] Por ela se explica a campanha perpetuamente instituída na opinião pública em nome de fórmulas vãs de liberalismo, contra as medidas, os recursos, as precauções enérgicas que têm feito a salvação econômica e financeira de outros Estados.*
>
> *E se explica a enorme e poderosa opinião favorável ao empréstimo externo, que está de alcateia para devorar a República, como devorou o Império.* (POMPEIA, 1981, pp. 82-83.)

Raul Pompeia e o militarismo

Uma das faces do pensamento de Raul Pompeia era a defesa da força militar, algo que, segundo Suely Robles Reis de Queiroz, caracterizava tipicamente os militantes republicanos jacobinos.

Pompeia acreditava que os militares constituíam um corpo político capaz que fazer a transição de um país agrário – que o Brasil sempre fora – para um país industrializado, símbolo do que considerava "progresso", passo indispensável para que atingíssemos o patamar mais elevado das nações desenvolvidas.

As manifestações de apoio às Forças Armadas tiveram início já durante as chamadas "Questões Militares", expressão usada para designar a série de conflitos que envolveram o Exército e o governo durante o Segundo Reinado.

Naquela oportunidade, Pompeia escreveu que "o Exército brasileiro é muito povo, para querer ser contra o povo e sobre o povo. Comove-se pelas grandes causas nacionais como qualquer outro grupo de cidadãos". (*Diário de Minas*, 9 dez. 1988.) E sustentou que o Exército estava acima de quaisquer interesses partidários localizados, constituindo-se em uma força neutra e isenta, levado somente pelos apelos do patriotismo: "O Exército é plebeu e é pobre, o Exército é a democracia armada. [...] vive para fazer respeitar a lei e a ordem pública e não para escoltar a prudência ou a fraqueza de quantas ambições políticas precisem de escolta". (*Idem ibidem.*)

Por outro lado, o militarismo, segundo Pompeia, constituía uma fonte de nacionalismo indispensável para a sustentação da República. Por isso, quando dos governos militares de Deodoro da Fonseca e, principalmente, de Floriano Peixoto, ele colocou-se abertamente favorável a medidas de força para conter a oposição a quem chamava de "reação sebastianista". A República corria perigo e era fundamental conter, pelas armas, os interesses ligados ao monarquismo. Condenava setores oligárquicos que, interessados apenas em resguardar suas ambições, contribuíam para enfraquecer a República, mantendo o país na dependência econômica. Daí sua adesão, sem meias palavras, ao "florianismo".

Para Pompeia, o Marechal Floriano era "a personificação gloriosa da Pátria e da Honra", o "proclamador magnânimo da Nacionalidade". (*O Nacional*, 13 jul. 1895.) Floriano encarnava a República e, por isso, fazia-se urgente marchar ao seu lado, algo que levou Raul Pompeia, em sua fase de "intoxicação política" como lembrou Eloy Pontes em sua biografia sobre o autor de *O Ateneu*, a apresentar-se pessoalmente ao Marechal e pedir armas.

Decorre dessa convicção uma quase doutrina teórica formulada por Pompeia para explicar as razões do militarismo:

> *O militarismo para o Brasil não é o mal maior. As duas facções históricas mais pronunciadas do nosso povo são, sem dúvida, a energia das classes militares e o indiferentismo quase completo das outras. [...] O militarismo, isto é, a preponderância política dos militares, sua atenta intervenção nas coisas políticas, pode trazer dificuldades especiais. Mas, o Brasil, povo que apenas se forma, pode sofrer de um mal, inerente à sua condição de povo nascente, bem mais perigoso – o cosmopolitismo.* (PONTES, 1935, p. 266.)

Entendia por cosmopolitismo a associação entre os interesses de cunho econômico de alguns grupos internos e a ambição de países – sobretudo Portugal e Inglaterra – interessados em manter o Brasil em eterna dependência. Contra o cosmopolitismo é que se levantavam os militares: "[...] lá está o exército, lá está a autoridade militar, o militarismo, sacrificando-se por dominar as convulsões da crise criada pelos paisanos, expondo a vida para ver se ainda pode sobreviver a pátria aos grandes triunfos dos longos anos de tranquilidade civil, de felicidade paisana, de industrialismo cosmopolita que fruiu". (*op. cit.* p. 267.)

Raul Pompeia e a identidade nacional

No século XIX, os ideais de nacionalismo estão em voga na Europa com as lutas pela unificação da Itália e da Alemanha, e mobilizam a burguesia, facções políticas, exércitos e classe operária, propagando o sentimento nacionalista, de pertencimento a uma nação, constituindo-se, assim, em um marco histórico que atravessou o Atlântico.

No Brasil, o nacionalismo fundou-se com o culto ao indígena, eleito pelos românticos como símbolo de uma nação que estava em fase de conformação, e que terá em Gonçalves Dias e José de Alencar sua forma mais acabada.

No caso específico de Raul Pompeia, a afirmação do nacionalismo era uma forma de se opor ao que chamava de "cosmopolitismo", ou seja, a dependência econômica principalmente em relação a Portugal e Inglaterra. Por outro lado, na concepção de Pompeia, ser nacionalista era ser republicano, pois que para ele a Monarquia era uma forma de Portugal continuar ingerindo em assuntos do Brasil.

No século XIX, os ideais de nacionalismo estão em voga na Europa com as lutas pela unificação da Itália e da Alemanha, e mobilizam a burguesia, facções políticas, exércitos e classe operaria propagando o sentimento nacionalista, de pertencimento a uma nação, constituindo-se, assim, em um marco histórico que atravessou o Atlântico.

Ao comentar as comemorações em torno da Independência em junho de 1888, Pompeia situou a questão nos seguintes termos:

> Este príncipe estrangeiro [D. Pedro], que roubava à nação a iniciativa da independência, subscrevendo-a com a bravura mínima do prestígio da sua condição; este ambicioso que jogava com o destino a posse de um trono que só o expediente ensaiado não deixaria perder-se; este especulador que endossou a emancipação para lucrar com a Coroa, como depois entregou à maçonaria três folhas em branco com a sua assinatura para ser graduado o Grão-Mestre; este amigo da nova pátria que perdeu a 15 de julho de 1823 a colaboração de dois grandes homens por amor dos sorrisos de uma Corte antinacional; este magnânimo que renunciou ao título de Protetor e dissolveu a mais legítima assembleia de representantes que o Brasil tem tido; este rei popular, que baniu o povo na pessoa de José Bonifácio, foi consagrado pela necessidade artística, da história, como o centro da evolução patriótica de setembro. (*Gazeta de Notícias*, Rio de Janeiro, 22 jan. 1888.)

Assim, Pompeia mostrava que a independência política ainda não havia sido alcançada, pois que um herdeiro do trono português havia usurpado dos brasileiros o direito deles mesmos conduzirem o que chamava de "desafio histórico da secessão", ou seja, romper com o domínio lusitano. Portanto, cabia aos "patriotas" romper com a Monarquia da Casa de Orleans e Bragranças. O 7 de setembro de 1882 havia sido, então, um sofisma.

Em um pequeno panfleto publicado em 1895, Raul Pompeia traçou um panorama histórico do processo de formação do Brasil, revelando a necessidade de refundar a Nação a partir da República e de romper com a dependência econômica. Nesse documento estão presentes seus pontos de vista sobre a constituição e o caráter do povo brasileiro, as tentativas de ruptura com o domínio português e o movimento incompleto de independência política:

> *Colonizado por uma raça cuja opressão se exercia mais pela corrupção do que pela força, mais pela manha gananciosa com que explorava os naturais do que pela brutalidade com que os combatia, mais pela astúcia que ilude do que pela violência que revolta; privado em grande parte de concurso do caráter indígena, altivo e indomável, para a formação do tipo étnico do brasileiro pelo afastamento do índio espoliado pelo português; mesclado depois pelo africano, rico de seiva e de sentimentos, mas embrutecido pela ignorância e pelo cativeiro e salientando-se pela submissão e pela generosidade afetiva com que se dedicava àqueles que mais o martirizavam, o apego com que dava o melhor da vida por quem lhe azorraga as carnes, o Brasil havia de produzir natu-*

ralmente uma raça sentimental e submissa, confiante e crédula, fácil de sacrificar-se por outrem ao primeiro apelo pérfido à sua generosidade, preferindo submeter-se a odiar, pronta a ceder o último direito à primeira carícia mentirosa. Esta tendência ressalta de um modo manifesto em toda a história do Brasil, desde a invasão holandesa, em que o brasileiro sacrificou-se heroicamente para guardar para a metrópole uma terra opulenta, que ela não sabia fazer progredir nem defender, até à Revolução Pernambucana de 1817, em que no Norte foram abafadas as patrióticas aspirações dos insurretos nacionais em proveito exclusivo de uma dinastia estrangeira. Daí a mistificação da independência, em que o Brasil foi transmitido como uma doação de família, conservando a mesma monarquia sob um imperante do mesmo ramo dinástico, conservando a mesma supremacia da metrópole, que se traduziu, embora sob uma forma indireta, na mesma influência política e na mesma exploração econômica; daí o sistema de rotina e retrogradação, contrário a todas as necessidades nacionais, inaugurando em 1822 e prolongado até 1889, executando sob nossa responsabilidade por empreitada de lusitanismo. Daí a absorção contínua e lenta da nossa validade e o sofrimento dos assomos de independência nacional que surgiam aqui e ali, pela necessidade que sentia a monarquia europeia de sustentar-se a todo custo em um meio de repúblicas americanas. (O Nacional, nº 1, 1895.)

Em uma conferência no Centro Republicano Radical da Lagoa, no Rio de Janeiro, em 1894, Raul Pompeia apresentou o que considerava um "programa de nacionalização" do Brasil. O que chama de "programa" é uma radical defesa de uma política nacionalista que envolvia a esfera econômica, a imprensa, a educação e os partidos políticos. Era preciso, segundo ele, aventar quando necessário "inclusive a defesa armada da nação":

> [...] *uma nação tanto mais se-lo-á, quanto souber nacionalizar-se. O Brasil, para salvar-se como nação, como pátria, precisa fazer política de nacionalismo. Não é só o comércio que carece dessa disciplina de nacionalismo. É preciso impor esse método à educação da mocidade, fortalecendo as almas novas na cultura do civismo brasileiro, na lição orientada da história nacional e com a exaltação estética dos hinos patrióticos. É preciso nacionalizar a política, instituindo, em corolário do sistema educacional, um corpo de princípios absolutos, sacrossantos, superiores às discussões pessoais e partidárias, que num dado momento, congregue todos os corações na contemplação do ideal da pátria [...]*. (O Tempo, 22 maio 1894.)

Raul Pompeia e a vida literária

No Brasil da segunda metade do século XIX, sobretudo a partir da década de 70, a vida literária foi marcada pela intensa participação dos intelectuais nas grandes questões nacionais, tais como o Abolicionismo e a República.

Contando com poucas editoras de livros e revistas e uma rede de escolas ainda precária, o que restava aos intelectuais era o trabalho nas redações dos jornais, ainda que limitados ao Rio de Janeiro e à São Paulo. Outra saída para os homens de letras era o de ser funcionário público. Este espaço foi, inclusive, disputado por muitos intelectuais logo após a Proclamação da República. O próprio Raul Pompeia chegou a ser nomeado diretor da Biblioteca Nacional durante o tumultuado governo de Floriano Peixoto. Alguns anos antes, Machado de Assis havia sido nomeado Oficial de Gabinete do Ministro Pedro Luiz, exatamente no ano em que publicou obra inaugural do movimento realista brasileiro:

> *O governo vai absorvendo os poetas.*
>
> *O Sr. Pedro Luiz está Ministro, o Sr. Machado de Assis Oficial de Gabinete... justamente quando encetou na* Revista Brasileira *a publicação do seu romance* Memórias Póstumas de Brás Cubas, *muito interessante para que desejem a sua continuação.*
>
> *É ligeiro, alegre, espirituoso, é mesmo mais alguma coisa: leiam com atenção, com calma; há muita crítica fina e frases tão bem subscritadas que, mesmo pelo nosso correio, hão de chegar ao seu destinatário.*
>
> *É portanto um romance mais nosso, uma resposta talvez, e de mestre uma e outra coisa; e será desastre se o Oficial de Gabinete absorver o literato.*
>
> *Esperemos que não.* (*Revista Ilustrada*, nº 202, 1880.)

De fato, no caso de Machado de Assis o funcionário público não absorveu o escritor. O mesmo, porém, não aconteceu com Aluísio de Azevedo, outro grande expoente literário da época, autor de clássicos como *O Cortiço* e *O Mulato*, que, após longos anos de vida precária nas redações de jornais, decidiu-se por entrar na carreira diplomática e abandonar a literatura. Outros tantos casos de intelectual que se torna funcionário do Estado foram comuns por essa época.

Raul Pompeia vai não só conviver com muitos desses homens de letras do final do século XIX como canalizou o seu talento de cronista para realizar uma espécie de crítica literária através dos jornais. Dessa forma, fez repercutir espetáculos teatrais, exposições de arte e divulgação de livros em suas crônicas, emitindo comentários e críticas, revelando seu talento de intelectual que não se resumia às letras, como também destacava-se no desenho e na charge. Sílvio Romero, Tobias Barreto, Machado de Assis, Aluísio de Azevedo, Arthur Azevedo, Júlio Ribeiro, Valentim Magalhães, Araripe Júnior, Olavo Bilac e tantos outros nomes importantes da cultura brasileira do final do século XIX foram objeto de inúmeros comentários por parte de Raul Pompeia em suas crônicas.

Sobre Arthur Azevedo, cujas peças de teatro representavam uma fina crítica aos costumes da sociedade aristocrática da época, diz Pompeia:

> *Juiz de Fora teve há pouco ocasião de conhecer pessoalmente um dos escritores que maior honra fazem ao movimento artístico do pensamento no Brasil. Percebem que me refiro a Arthur Azevedo. O ilustre poeta, comediógrafo, jornalista [...] [é] um dos poucos exemplos de nativa origi-*

nalidade na fase atual da nossa literatura. (*Diário de Minas*, 7 abr. 1889.)

Valentim Magalhães é outro autor muito lembrado por Pompeia em suas crônicas. Eles haviam estudado na mesma época em São Paulo, e comungavam os mesmos ideais políticos:

> *O Dr. Valentim Magalhães, um dos novos, mais do que isso, um campeador destemido da ideia nova na batalha das letras, apologista naturalmente das largas páginas de literatura sanguínea e condenador severo da banalidade mentirosa dos bouquins da fancaria literária [...] [é um] fino observador da vida.* (*Diário de Minas*, 22 set. 1889.)

Outro autor presente nas seções literárias de Pompeia foi Júlio Ribeiro, o autor de *A Carne*, obra que marcará o movimento literário realista nacional. Júlio Ribeiro era exímio gramático e exerceu, por muito tempo, o magistério, sendo, inclusive, criador de uma versão de bandeira republicana, inspirada no modelo da bandeira dos Estados Unidos da América, e viria a ser adotada pelo Estado de São Paulo. Tal como outros escritores de seu tempo, também Júlio Ribeiro ingressou na carreira burocrática sendo nomeado fiscal de loterias na capital da República. Essa nomeação foi assim repercutida por Pompeia:

> *Acaba de ser nomeado fiscal do governo para as loterias da capital o nosso grande homem de letras, Júlio Ribeiro [...] ilustre democrata de São Paulo [...]*

> *A nomeação de Júlio Ribeiro, um cultor aristocrático das letras, um dos nossos mais apreciáveis artistas da linguagem, além de mestre que é, proficientíssimo da ciência do vocábulo [...] encerra um elemento pitoresco de sedução que vale o sorriso carinhoso e fatídico daquelas crianças sobre as urnas da rifa.* (O Farol, 8 out. 1889.)

A efervescência artística e intelectual é marcante na vida literária do Brasil do final do século XIX. Várias correntes de ideias invadem a cena intelectual oriundas da Europa, sobretudo. Ao Realismo, que entre nós se inaugura com as *Memórias Póstumas de Brás Cubas,* de Machado de Assis, em 1880, e ganha contornos definitivos com *O Ateneu* oito anos depois, juntaram-se outros movimentos como o Naturalismo, o Simbolismo e o Parnasianismo.

Por outro lado, a influência do pensamento científico de Charles Darwin e Robert Spencer mexe com a intelectualidade brasileira, ávida em conhecer o país e influenciar no seu destino.

Raul Pompeia e a imprensa

A imprensa era a grande "arena" onde, nas palavras de Raul Pompeia, os homens de letras se "esgrimiam".

Naquele fim de século XIX não havia mercado editorial sólido e muito menos os escritores podiam ganhar a vida sem recorrer, sobretudo, à imprensa. Como afirma Roberto Ventura "O Rio de Janeiro detinha o maior mercado de trabalho para os homens de letras, que encontravam oportunidades no ensino, na política e no jornalismo". (1991, p. 10.) Era natural, portanto, que os jornais fossem o principal veículo de debates e polêmicas intelectuais, a grande tribuna das ideias abolicionistas e republicanas.

Raul Pompeia construiu toda sua carreira intelectual e artística por meio da imprensa. Publicou desenhos, charges, caricaturas, folhetins e panfletos políticos. Mas o gênero que mais publicou foi mesmo a crônica. Diz Afrânio Coutinho que "Raul Pompeia foi precoce e assíduo cronista. [...] Desde muito cedo entregou-se ao cultivo da crônica, publicando-as na imprensa de São Paulo, Rio de Janeiro, Juiz de Fora" (POMPEIA, 1982, v. I, p. 34). Criou várias seções na imprensa onde exercitava a crônica lírica-filosófica e a crônica-comentário que tratava dos mais variados assuntos, entre eles, é claro, a política da época: "A vida na Corte", "Da Capital", "Datas Fluminenses", De Tudo", "Uma Seção", "Pandora", "Aos Domingos", "Lembrança da Semana", "Cavaqueando", foram algumas de suas seções de crônicas divulgadas em jornais.

Bacharel em Direito, sem, no entanto, ter vocação para a advocacia, interessado em política, sem, contudo, aderir a um partido político organizado, Pompeia vai se dedicar mesmo ao jornalismo. E por ele tinha uma concepção bem particular, pois acreditava que a imprensa, em especial a imprensa popular, tinha um papel pedagógico importante: "o jornalismo popular [é uma] força prodigiosa que pouco a pouco vai educando um povo, fazendo-o compreender quais os seus direitos e deveres". (POMPEIA, 1982, v. V, p. 37.) E lamentava que o hábito da leitura fosse privilégio das "classes literárias".

Era preciso, para Pompeia, atacar "os interesses dos senhores do feudo-tipográfico" e saudava o fato de, no Rio de Janeiro, a *Gazeta de Notícias* ter quebrado o monopólio da notícia do *Jornal do Commercio*, publicação de caráter mais conservador.

Com a Proclamação da República, Pompeia assumiu uma atitude mais radical em relação à imprensa preconizando, inclusive, a nacionalização da "opinião". Havia uma razão para tal defesa, pois uma parte da imprensa, sobretudo a da capital, estava contra Floriano Peixoto.

É nesse clima de forte oposição ao governo que Raul Pompeia acusa a imprensa antiflorianista de "sebastianista" e proclama:

> *Precisamos nacionalizar enfim a opinião. Há no Brasil duas grandes opiniões sempre diferentes e frequentemente em conflito – a opinião brasileira e a opinião cosmopolita, particularmente opinião portuguesa.*
>
> *O conceito social de opinião pública começaria a nacionalizar-se, no momento em que essa dualidade fosse entre nós explicitamente compreendida.* (*O Tempo*, 22 maio 1894.)

Raul Pompeia e a República

Mesmo sendo um republicano ardoroso desde os tempos de estudante, Raul Pompeia surpreendeu-se com os acontecimentos que culminaram com a Proclamação da República a 15 de novembro de 1889, corroborando com a tese construída pelos seus próprios contemporâneos de que o advento da República fora resultado de uma ação isolada e não de um movimento consistente com adesão popular. Aliás, segundo a frase clássica atribuída ao jornalista Aristides Lobo, o povo "assistira a tudo bestializado", numa clara referência à ausência das camadas populares nos rumos tomados pelo movimento republicano.

Em crônica para *O Farol*, assim Pompeia descreveu os acontecimentos do dia 15 de novembro:

> [...] o elemento militar, unido em formidável movimento de solidariedade, derrubou o Ministério Afonso Celso.
> [...] Depois de intimarem ao governo a retirada do poder, as tropas desfilaram pela cidade em marcha triunfal.
> [...] Nas fileiras da infantaria, sobre o galope irrefreável dos bravos ginetes da cavalaria, de cima dos bancos das carretas da artilharia carregadas de caixas de munições, os soldados esqueciam-se da correção da disciplina para expandir-se em vivas à nação brasileira, em saudações calorosas ao povo.
> [...] Depois do passeio, em que impressionou profundamente a união de todos os corpos militares da cidade, cavalaria de lanceiros, cavalaria de carabineiros, artilharia montada, todos os batalhões de infantaria e artilharia, escolas militares, imperiais marinheiros, fuzileiros navais, até o corpo da polícia da Corte, oitocentas praças que foram mandadas contra o General Deodoro e que se entregaram ao comando da sua espada, os soldados recolheram aos quartéis na maior ordem.
> [...] Os diretores do movimento revolucionário reunidos em casa do General Deodoro no Campo de Sant'Anna, em duas longas conferências, deliberaram a respeito da constituição do Governo Provisório e das primeiras medidas de garantia da segurança pública.

> [...] Às onze e meia da noite, à porta do Diário de Notícias, foi afixado o boletim com a lista dos Ministros do Governo Provisório. (O Farol, Juiz de Fora, MG, 17 nov. 1889.)

As impressões do cronista destacam, evidentemente, a participação dos setores militares na Proclamação da República e dado seu entusiasmo com o acontecimento não se deu conta do envolvimento popular nos fatos. Ao longo de toda crônica, Pompeia faz uma única referência "à multidão", quando esta se confraternizou com as tropas em "estrondosas aclamações". O testemunho de Raul Pompeia em relação aos acontecimentos de 15 de novembro não é isento, evidentemente, pois são observações de alguém que tem interesse nos fatos; são impressões parciais da realidade e que constroem o fato Proclamação da República numa dada perspectiva política.

A ausência da camada popular no movimento republicano já havia sido constatada por Raul Pompeia antes mesmo do golpe militar de 15 de novembro. Em 1888, após comparecer a uma conferência do propagandista republicano Silva Jardim, na Sociedade Ginástica Francesa no Rio de Janeiro, Pompeia deu-se conta da pequena presença de populares:

> A concorrência [pela conferência] foi enorme. É preciso que se note, contudo, que não foi popular. A ideia republicana, no período atual, está ganhando adeptos no elemento conservador. O elemento radical persiste inerte. Não sei quando conseguirão os propagandistas mover a massa democrática. (Diário de Minas, Juiz de Fora, MG, 19 ago. 1888.)

Lamentando que o povo tenha desaprendido "o sentido de liberdade na acepção política", acreditava, porém, que "A pobre gente que recusa entusiasmo à propaganda dos princípios é, entretanto, um aferidor infalível quando a teoria se traduz em fato. Contente-se a propaganda com adesão dos poderosos por ora; que o apoio do povinho não faltará na oportunidade". (op. cit.)

As divisões internas no movimento republicano tornaram-se muito evidentes com o passar do tempo, e após a Proclamação as rupturas foram inevitáveis, pois as forças que apoiaram o golpe tinham interesses bem distintos. Os fazendeiros paulistas, que advogavam pelo federalismo mais ou menos ao estilo do modelo norte-americano, queriam que o país se modernizasse, mas conservando a base agrária; setores intelectuais viam na República a condição indispensável para que o Brasil se juntasse aos países mais "civilizados", que valorizavam o conhecimento, e a classe média urbana queria ter meios de influenciar na vida política. Já os militares, que eram positivistas, imaginavam um Brasil ordeiro e progressista.

Diferentes pontos de vista em torno da República levaram muitos ao desencanto com os rumos tomados pelo novo regime. Foi o caso de Silva Jardim, Euclides da Cunha, entre outros tantos republicanos desde a primeira hora.

Raul Pompeia havia constatado, ainda durante a campanha republicana, as divergências envolvendo as principais lideranças do Partido Republicano. Comentando em 1889 uma disputa interna pela chefia do partido entre Quintino Bocaiúva e Silva Jardim vai dizer:

> [...] *os campeões da ideia nova, despendendo forças em desavenças intestinas, não se apercebem de quanto perdem* [...]

> *Que deveria importar a um ou outro, cobrisse ao Sr. Quintino Bocaiúva, ou ao Sr. Silva Jardim o chapéu do comando, se um acordo de resignação despretensiosa era a causa por que ambos trabalham? Uma fração do partido votou pela chefia do sr. Bocaiúva. Deixe-o o Sr. Jardim que comande para aqueles que o quiserem seguir e continue a esforçar-se, independente e destacado, por tudo aquilo que de si pessoalmente lhes possa reclamar a campanha republicana.* (*Diário de Minas*, Juiz de Fora, MG, 2 jun. 1889.)

Outro momento de notório conflito dentro do grupo republicano deu-se com a chamada "batalha dos símbolos" que deveriam distinguir o novo regime. Em torno do hino e da bandeira houve uma séria disputa pelo controle do "imaginário simbólico" da República. Para Raul Pompeia era preciso levar em conta na escolha dos novos emblemas os aspectos mais íntimos e tocantes da nacionalidade:

> *[...] definitivamente, os hinos são bons quando são ardentes, na música e na letra, e nem música nem verso é natural que se obtenham tocantes, reclamando-os de encomenda ou para concurso. Quanto à bandeira, porque de cores não se disputa como de gostos comuns. As cores agradam, conforme se acham em harmonia como sentimento de cada um.* (*Jornal do Comércio*, 1º dez. 1889.)

Em relação ao hino, o Governo Provisório decidiu abrir um concurso onde se escolheria letra e música. Para surpresa geral, os acordes do velho hino monárquico foram ovacionados pelo público que compareceu ao Teatro São Pedro no Rio de Janeiro. Para Pompeia, não havia nenhuma incompatibilidade entre a manutenção do antigo hino da Monarquia e os novos tempos da República:

> *Em risco de insuficiência estética das provas do concurso, bom seria que prevalecesse uma opinião que existe, de que se pode adotar para hino nacional o mesmo que o foi nos dias da monarquia.*
>
> *O hino da República poderia existir sem incompatibilidade como coexistia outrora com o mesmo nacional o Hino da Independência.*
>
> *Objetar-se-á que as notas do antigo hino têm o defeito de sugerir recordações de uma ordem de coisas que se resolveu definitivamente e produziriam como símbolo musical da monarquia morta o efeito irritante de uma espécie de fantasma sonoro. Mas a resposta a esta objeção está nela mesmo compreendida. É que assim como pela sua audição outrora, durante os dias da monarquia, o hino como se consubstanciou com o espírito político dominante, assim conseguiríamos pela sua aceitação na República, que novas sugestões sentimentais se ligassem a ele, a ponto de substituir as antigas.*
>
> *E continuaria a ser da nação o Hino Nacional.* (Jornal do Commercio, 5 jan. 1890.)

Reflexão e Debate

1. Comente a opinião de Raul Pompeia sobre a questão do preconceito racial no Brasil.

2. "Os grandes centros sensórios do nosso organismo de interesses estão em Londres ou Lisboa." Argumente em torno dessa afirmação.

3. Quais eram os ideais que, na concepção de Raul Pompeia, deveriam ser cultivados como simbólicos da nossa identidade nacional?

4. Aponte os fatores que levaram Pompeia a defender o militarismo florianista.

5. Faça um texto descrevendo a vida literária na qual estava inserido o personagem-tema.

Apêndice

O Ateneu e a decadência da Monarquia brasileira

O Ateneu – crônica de saudades foi publicado em 1888, originalmente em folhetins, em *A Gazeta de Notícias*, jornal do Rio de Janeiro, vindo a ser lançado em livro no mesmo ano. Sua segunda edição saiu em 1895 pela Francisco Alves, casa editorial que havia comprado os direitos autorais do próprio autor, um ano antes.

Do ponto de vista histórico-social, a conjuntura de publicação de *O Ateneu* antecipa em poucos meses a Lei Áurea que aboliu a escravidão no Brasil, fato relevante para uma geração de intelectuais, entre eles o próprio Pompeia, que havia abraçado a causa abolicionista desde pelo menos os anos 70 do século XIX.

Em termos literários, a época é de afirmação das novas correntes oriundas da Europa, notadamente o Naturalismo e o Realismo. Machado de Assis inaugura oficialmente o romance realista brasileiro em 1881, com a publicação de *Memórias Póstumas de Brás Cubas*, mesmo ano em que Aluísio de Azevedo, outro marco da renovação literária no Brasil, lança *O Mulato*. Em lugar dos temas amenos do Romantismo emerge uma literatura que denuncia os problemas sociais, investiga os preconceitos e as diferenças de classes, enfim, revela a vida como ela é.

Concomitantemente a essa nova realidade, a literatura busca inspiração nas ciências naturais que à época encontravam grande receptividade entre intelectuais com a divulgação das ideias do evolucionismo de Darwin e o organicismo de Spencer. Nessa direção surge o Naturalismo, uma vertente mais extremada do Realismo, onde a ênfase é retratar as influências do ambiente social e das heranças genéticas sobre a ação do indivíduo. Daí as temáticas das perversões sexuais, as promiscuidades, a submissão dos mais fracos, as condições desumanas de vida. Nessa direção e voltado para a exploração desses assuntos, Júlio Ribeiro em 1888 lança *A Carne* e dois anos depois surge *O Cortiço*, de Aluísio de Azevedo.

Todo esse quadro histórico-literário repercutiu, evidentemente, em *O Ateneu*. Raul Pompeia foi influenciado pela nova onda de escritores e ideias europeias de seu tempo. Portanto, vai construir um romance que dialoga com essas novas temáticas e perspectivas artísticas. Por outro lado, as questões sociais e políticas do Brasil de sua época também serão repercutidas em sua obra, dado que ao longo de sua trajetória esteve sempre envolvido com as principais lutas do tempo.

A repercussão crítica de *O Ateneu* foi, desde o seu lançamento, impressionante. Já em 1888, Araripe Júnior, já respeitado crítico literário do tempo, escreve em *Novidades*, jornal literário que circulava na Corte, uma série de artigos que visavam sistematizar as características psicologizantes do romance de Pompeia. Daí para frente, a crítica literária traça as mais diversas abordagens sobre *O Ateneu*. Em geral, as principais controvérsias giram em torno da dificuldade de classificação da obra. Ora os críticos a consideram uma obra realista, ora naturalista, ora impressionista.

Entre as variantes dessa linha de análise temos o ensaio de José López Heredia, que procura enfatizar o aspecto sociológico de *O Ateneu*. Para esse estudioso, Pompeia transforma seu romance em uma análise contundente da sociedade brasileira do Segundo Reinado (1840-1889), enfatizando a crítica política e a sociedade anacrônica de seu tempo. Diferentemente, o crítico brasileiro Ledo Ivo destaca em sua análise sobre o romance de Pompeia as influências francesas na construção de sua "escrita artística", elemento apontado como fator de relevância no romance, lembrando, dessa forma, as aproximações com Baudelaire e os irmãos Edmond e Jules Goncourt.

Diversos temas podem ser explorados em *O Ateneu*: a experiência dos internatos, o homossexualismo, o amor na adolescência, as relações do jovem com o poder. Também é possível identificar as características do sistema educacional brasileiro do final do século XIX, marcado pelo autoritarismo, pelo modelo rígido de escola, pela exagerada atenção na formação moral e cujo fundamento modelar consistia na grande influência do sistema educacional francês e numa maior importância às matérias de humanidades e literatura em detrimento das chamadas "matérias científicas".

Uma leitura atenta de O Ateneu também nos indica a formação cultural e intelectual de Raul Pompeia. Das citações, percebemos seu domínio em diversas línguas: francês, latim, inglês, grego, alemão, sobretudo os dois primeiros. Por outro lado, a recorrência a autores, artistas e obras nos dá a medida das fontes filosófico-literárias nas quais Pompeia mata sua sede de leitura. Dos muitos citados, podemos lembrar a Bíblia (referência constante), Balzac e sua A Mulher de Trinta Anos; Camões e Os Lusíadas; Dante e A Divina Comédia, além de recorrência à mitologia e à história da Antiguidade Clássica, entre outras referências.

O livro está estruturado em doze capítulos, sendo indicado apenas a numeração das seções, não acompanhadas de títulos. O Capítulo I enfoca as impressões do personagem-narrador Sérgio, quando este, levado por seu pai, foi matricular-se no colégio.

É o próprio Sérgio quem vai descrever suas impressões: "Ateneu era um grande colégio da época. Afamado por um sistema de nutrido reclame, (...) o Ateneu desde muito tinha consolidado crédito na preferência dos pais"[3]. O corpo discente do Ateneu é também revelador da importância que ganhara:

> [...] Os educandos do Ateneu significavam a fina flor da mocidade brasileira. A irradiação da reclame alongava de tal modo os tentáculos através do país que não havia família de dinheiro, enriquecida pela setentrional borracha ou pela charqueada do Sul, que não reputasse um compromisso de honra com a posteridade domés-

> *tica mandar dentre seus jovens, um, dois, três representantes abeberar-se à fonte espiritual do Ateneu.*(4)

Esse primeiro aspecto das impressões do personagem-narrador encontra um paralelo na vida de Raul Pompeia. Também ele teria sido matriculado num internato aos dez anos, permanecendo ali até aos dezesseis anos. Tratava-se do Colégio Abílio, cuja experiência teria servido de inspiração para Raul Pompeia construir o modelo de escola de fins do século XIX.

Ainda no capítulo das impressões, Sérgio volta-se para o diretor do Ateneu, e o descreve, não só nesse capítulo, como de resto, ao longo de todo romance, magistralmente, exagerando, tal como numa caricatura, todas qualidades e defeitos que nele o visse: "O Dr. Aristarco Argolo de Ramos, da conhecida Visconde de Ramos, enchia o Império com o seu renome de pedagogo".(5) Aqui, surge outro paralelo com a biografia de Raul Pompeia. Também era o diretor do Colégio Abílio, o Dr. Abílio César Borges, o Barão de Macaúbas, renomado educador no seu tempo.

Acreditamos que o ponto de semelhança autor-personagem revela somente o extravasamento de Raul Pompeia em relação aos valores sociais do Brasil do Segundo Reinado. Ateneu/Colégio Abílio, Aristarco/Barão de Macaúbas são faces de um modelo educacional, social e político que, na análise de Pompeia, estão em decadência.

Daí a associação entre Ateneu e os membros da família real ser encontrada em muitas passagens. Ainda no Capítulo I, a propósito de uma festa de encerramento do ano letivo no Ateneu, é possível ler a seguinte passagem:

> *Diante da arquibancada, ostentava-se uma mesa de grosso pano verde e borlas de ouro. Lá estava o diretor, o ministro do Império [grifo nosso], a Comissão dos prêmios. [...] O diretor, ao lado do ministro, de acanhado físico, fazia-o incivilmente desaparecer em brutalidade de um contraste escandaloso.*[6]

Em outro acontecimento festivo promovido pelo Ateneu, "a festa da educação física", novamente entre os assistentes encontramos um membro da família real:

> *Algumas damas empunhavam binóculos. Na direção dos binóculos distinguia-se um movimento alvejante. Eram os rapazes. Aí vem! disse meu pai; vão desfilar por diante da princesa. A princesa imperial regente nessa época achava--se à direita em gracioso palanque de sarrafos*[7].

Na mesma ocasião, após retumbante apresentação dos alunos do Ateneu, um fato narrado por Sérgio causa desconforto, protagonizado pelo filho de Aristarco:

> *Seu filho Jorge, na distribuição dos prêmios, recusara-se a beijar a mão da princesa, como faziam todos ao receber a medalha. Era republicano o pirralho! tinha já aos quinze anos as convicções ossificadas na espinha inflexível do caráter! Ninguém mostrou perceber a bravura. Aristarco, porém, chamou o menino à parte. Encarou-o silenciosamente e – nada mais. E ninguém mais viu o republicano! Consumira-se naturalmente o infeliz, cremado ao fogo daquele olhar! Nesse*

> *momento, as bandas tocavam o hino da monarquia jurada, última verba do programa* [8].

Aos poucos, o autor vai afastando-se das possíveis experiências individuais que o teriam inspirado na criação de personagens e enredo, passando a situar o desenvolvimento da trama no processo de luta histórica vivido pelo país na época da publicação do romance. Os embates entre monarquistas e republicanos, nos quais tomou parte Raul Pompeia, são os panos de fundo onde se movimentam os personagens.

No Capítulo II, o objeto de impressões e observações por parte de Sérgio é o Ateneu, o internato-escola, e os companheiros de classe. Sobre esses, tal como afirma Mário de Andrade, Raul Pompeia será impiedoso na descrição cruel de suas características.

Entretanto, é em relação ao Ateneu que surge aí a possibilidade da comparação com a sociedade do Segundo Reinado. O Ateneu era um *mundo de brutalidade*, uma sociedade de horrores, "um exemplar perfeito de depravação oferecido ao horror santo dos puros" [9]. O responsável pelo governo desse *mundo* (O Ateneu) é uma amálgama de *especulador* e *levita*, do educador e do empresário, numa combinação perfeita, os "dois lados da mesma medalha, opostos, mas justapostos". [10]

A insistência em apresentar Aristarco como um *negociante* é proposital. Está perfeitamente em consonância com a análise de Raul Pompeia, segundo a qual a sociedade brasileira encontrava-se à mercê de interesses dos mais espúrios agiotas, sobretudo portugueses e ingleses, que não tinham outro interesse senão de enriquecer às custas do povo brasileiro.

Daí que, bradava Raul Pompeia pela imprensa da época, a necessidade da república e com ela a urgência da *nacionalização do comércio*, a fim de expulsar do país aqueles que *consumiam o organismo produtivo da nação*. A simetria entre a Monarquia conduzida por um descendente português e o Ateneu parece-nos bastante perceptível. Afinal, o Ateneu/a Monarquia, não passavam de um grande "bombo vistoso de anúncios".[11]

Nesse universo, ao contrário da pregação de Aristarco, para quem o pior inimigo era a "imoralidade" – "No Ateneu, a imoralidade não existe. [...] O Ateneu é um colégio moralizado..."[12] –, peregrinam personagens marcados pela corrupção e perversão. Essa é a opinião de Rabelo, companheiro de classe de Sérgio, ao comentar dos colegas de internato:

> *Uma cáfila! Uma corja! [...] Uns perversos! Têm mais pecados na consciência que um confessor no ouvido. [...] Sócios da bandalheira! Cheiram a corrupção, empestam de longe. Corja de hipócritas! Imorais!*[13]

O "edifício de moralização do Ateneu" não passa de um "exemplar perfeito de depravação".[14]

Após os primeiros rituais de iniciação, Sérgio, já devidamente conhecedor do mundo e dos personagens que nele vivem, deixa sacudir "fora a tranca dos ideais ingênuos".[15] Conduzido pelo colega Sanches, com quem manterá uma dúbia relação de amor e ódio, mergulha nas disciplinas curriculares e seus respectivos conteúdos. No capítulo, Sérgio revela-nos, de alguma forma, o modelo de educação escolar dos fins do século XIX no Brasil. O currículo escolar é constituído pela geografia, gramática, a história pátria, a história santa e matemática. Ao apresentar os conteúdos que constituíam a matéria da história pátria, Sérgio e Raul Pompeia misturam-se novamente em um só personagem. Para Sérgio, a história do Brasil, "até as eras da Independência, [era] evocação complicada de sarrafos comemorativos das alvoradas do Rocio e de anseios de patriotismo infantil; um príncipe fundido, cavalgando uma data, mostrando no lenço aos povos a legenda oficial do Ipiranga".[16]

A passagem faz referência a D. Pedro I e ao Grito do Ipiranga, cujo significado para Raul Pompeia não passava de uma "falsa independência", pois que a verdadeira independência ainda haveria de vir, feita por brasileiros inspirados no exemplo de Tiradentes. É o próprio Sérgio quem sublinha a tese: "mais abaixo, pontuadas pelas salvas do Santo Antônio, as aclamações de um povo mesclado que deixou morrer Tiradentes para esbofar-se em vivas ao ramo de café da Domitila".[17] Não ficava aí somente a forte impressão causada ao estudante Sérgio das lições de história de Tiradentes: "vi passar o herói mineiro, calmo, mãos atadas como Cristo, barba abundante de apóstolo das gentes, um toque de Sol na fronte, lisa e vasta, escalvada pelo destino para receber a corsa do martírio".[18]

As evidências nessa passagem aproximam ainda mais *O Ateneu* de uma leitura política, quando, por exemplo, o personagem principal impressiona-se com Tiradentes. O autor parece procurar, em uma visão própria da história do país, estabelecer marcos históricos, recortes e personagens-heróis com os quais os brasileiros deveriam se identificar. São exemplos disso os escritos políticos *"Ipiranga"* (*Gazeta de Notícias*, 1882), onde Raul Pompeia refere-se a D. Pedro I como "alguém que roubou dos brasileiros o direito de fazer a independência de seu próprio país".[19]

O desencantamento do personagem, com o mundo do Ateneu, aos poucos se manifesta mais abertamente. O sentimento de impotência diante de um mundo marcado pela opressão leva Sérgio a admitir ter "perdido o ideal cenográfico de trabalho e fraternidade, que eu quisera que fosse a escola".[20] Essa manifestação de "entrega" fica clara quando Sérgio apresenta "a mais terrível das instituições do Ateneu"[21], ou seja, o capítulo das penas e do código disciplinar do internato. As humilhações, injúrias, escárnios e difamações eram os instrumentos comuns da suspeita justiça imposta pelo diretor e corpo de professores.

A habilidade de Raul Pompeia ao construir, com detalhes, esse sistema disciplinar do Ateneu, faz emergir do interior dos muros do internato o mesmo "sistema de pelourinho"[22] ao qual estava submetida a sociedade escravista da segunda metade do século XIX. É o próprio Sérgio quem reconhece que o pesado ambiente psicológico da escola, caracterizado por perseguições e castigos, é que levaram-no a desistir de seus valores.

Quando aluno do Colégio Pedro II, Raul Pompeia participou da fundação de um grêmio estudantil, exercitando suas inclinações literárias na revista do próprio grêmio. Este acontecimento é explorado por Raul Pompeia, quando, no Capítulo VI, dá conta da organização de uma instituição, o Grêmio Literário "Amor ao Saber", que reunia em torno de si, duas vezes por semana, os interessados em leituras e produção de textos e poemas. A presidência de honra cabia a Aristarco e ao Dr. Cláudio, professor do Ateneu, cabia a presidência efetiva.

Por intermédio do Dr. Cláudio, entramos em contato com a concepção de arte e literatura de Raul Pompeia. Na festa inaugural, ocasião solene de posse do grêmio, Dr. Cláudio pronuncia uma palestra sobre a literatura brasileira, dando um panorama geral desde Gregório de Matos até José de Alencar, passando por Antonio Caldas, Santa Rita Durão, os escritores de Minas, Gonçalves Dias, entre outros.

Mais adiante, e continuando sua análise sobre a literatura brasileira, o Dr. Cláudio vai criar polêmica com a plateia quando passa a "estudar a atualidade". Nesse momento, é possível, mais uma vez, ler a visão crítica da monarquia, exposta a uma interpretação feroz e impiedosa. Nesta oportunidade, o personagem que fala por Raul Pompeia, não é Sérgio, mas o Dr. Cláudio: "A arte significa a alegria do movimento, ou um grito de suprema dor nas sociedades que sofrem [...] E não é o teto de brasa dos estios tropicais que nos oprime. Ah! Como é profundo o céu do nosso clima material!" E conclui seu aforismo: "O pântano das almas é a fábrica imensa de um grande empresário, organização de artifício, tão longamente elaborada, que dir-se-ia o empenho madrepórico de muitos séculos, [...] É obra moralizadora de um *reinado longo*, é o transvasamento de um caráter, alagando a perder de vista a superfície moral de um império – o desmando nauseabundo, esplanado, *da tirania mole de um tirano de sebo!*...[23]

Para Raul Pompeia, o Brasil havia se tornado uma sociedade de especuladores, sendo essa a causa principal da enfermidade denominada "corrupção".

Em seus textos políticos, Pompeia atribui aos portugueses e ingleses as raízes de nosso atraso econômico, evidenciado no monopólio do comércio local e na interferência constante desses países em assuntos internos, sobre os quais, segundo Pompeia, somente os brasileiros tinham direito de se manifestar.

A questão da exploração do Brasil pelas potências estrangeiras e da "sociedade especuladora" também apareceram em *O Ateneu*, ainda que de modo não explícito. É o que vai-nos revelar Sérgio, apontando para o tédio, no Capítulo VII, o grande mal da escola. Para fugir do tédio, os alunos lançam mão de variados expedientes até chegarem aos "jogos de parada". Tratavam-se de brincadeiras nas quais os alunos promoviam trocas de objetos, tendo como moeda de troca "os selos postais, os cigarros, o próprio dinheiro".[24]

A descrição de Sérgio acerca da movimentação dos "agentes de especulação das bolsas" do Ateneu ganha contornos reais. Senão, vejamos algumas passagens: "As especulações moviam-se como o bem conhecido ofício das corretagens. Havia capitalistas e usurários, finórios e papalvos"[25]. Ou então essa: "No comércio do selo é que fervia a agitação de empório, contratos de cobiça, de agiotagem, de espertaza, de fraude. Acumulavam-se valores, circulavam, frutificavam; conspiravam os sindicatos, arfava o fluxo, o refluxo das altas e das depreciações. Os inexpertos arruinavam-se, e havia banqueiros atilados espanando banhas de prosperidade".[26]

Nas observações de Sérgio/Raul Pompeia, não faltaria, nesse "microcosmos de atividade subterrânea", uma referência à Inglaterra, já que se trata de uma crítica à exploração estrangeira: "a Grã-Bretanha braços abertos sobre as colônias, sobre o mundo; à direita, a América, a propaganda civilizadora, a conquista da savana; à esquerda, o domínio das Índias, *coolies* sob fardos, dorsos de elefantes subjugados".[27]

Desse ponto até o definitivo incêndio que levaria à ruína o internato dirigido por Aristarco, Raul Pompeia/Sérgio conduz uma narrativa repleta de referências ao contexto histórico do período. Fortes evidências atestam essa afirmação: "marcado com um número, escravo dos limites da casa e do despotismo da administração" (p. 190); "anchos de militarismo" (p. 190); "apoiadas às nacionalíssimas bananas, como um traço de nativismo" (p. 195); "viveis de plantão na palmeira da literatura indígena, sem que vos galardoe uma verba da secretaria do império" (p. 196); "anistia dos revolucionários [...] perturbações da ordem" (p. 209); "propaganda a favor da imigração" (p. 213); "desesperos da escravidão colonial" (p. 214); "Só pesando as armas imperiais" (p. 219).

No microcosmo do internato vivem não só personagens fictícios, mas, talvez, personagens reais, que estão em constante luta, envolvidos pelas grandes questões e temas do final do século XIX. Daí a permanente referência no texto de Raul Pompeia a membros da família imperial, a escravidão, a imigração, aos republicanos. E ao estabelecer uma espécie de diálogo entre ficção-realidade, internato--sociedade, *O Ateneu* nos remete a uma compreensão do pensamento político de seu autor. Afinal, tal como afirma Raul Pompeia, "não é o internato que faz a sociedade; o internato a reflete. A corrupção que ali viceja, vai de fora".

Na perspectiva da leitura política de *O Ateneu*, acreditamos ter alcançado uma outra visão ou campo de observação que o romance oferece. Como já foi ressaltada, tanto a observação psicológica, brilhantemente explorada por Araripe Jr., como a análise que se presta a identificar os detalhes autobiográficos da obra, também constituem em interpretações válidas. Nossa tentativa em ver n'*O Ateneu* um campo possível do conhecimento dos aspectos sociais e políticos do país no final do século XIX objetiva somente em contribuir para uma melhor compreensão do pensamento e da obra de Raul Pompeia.

Referências bibliográficas

(1) ARARIPE JUNIOR, T. A. *Teoria, Crítica e História Literária*. Seleção e apresentação de Alfredo Bosi. Rio de Janeiro: Livros Técnicos e Científicos. São Paulo: EDUSP, 1978, p. 213.
(2) *Idem*, p. 216.
(3) *O Ateneu* – edição preparada por Afrânio Coutinho de 1981, Civilização Brasileira, Rio de Janeiro, pp. 32-33.
(4) *Idem*, pp. 34-35.
(5) *Idem*, p. 33.
(6) Laura Hosiasson "Abilio Cesar Borges publicou em 1884 uma obra intitulada *Vinte Dous Annos de Propaganda* em prol da elevação dos estudos no Brasil e nela apareceriam vários de seus discursos, cartas a jornais, junto com os estatutos educacionais do seu colégio." *In* obra citada, p. 36.
(7) *Idem*, p. 40.
(8) *Idem*, p. 43.
(9) ANDRADE, M. de. "O Ateneu" *In Aspectos da Literatura Brasileira*. São Paulo, s.d.p., pp. 67-68.
(10) *Idem*, p. 53.
(11) *Idem*, p. 33.
(12) *Idem*, p. 56
(13) *Idem*, p. 62.
(14) *Idem*, p. 67.
(15) *Idem*, p. 77.
(16) *Idem*, p. 80.
(17) *Idem*, p. 80.
(18) *Idem*, p. 81.
(19) Obras de Raul Pompeia – *Escritos Políticos*, p. 94.
(20) *Idem*, p. 94.
(21) *Idem*, p. 95.
(22) *Idem*, p. 97.
(23) *Idem,* p. 152.
(24) *Idem,* p. 168.
(25) *Idem,* p. 168.
(26) *Idem*, p. 169.
(27) *Idem*, p. 169.

Bibliografia

ANDRADE, Mário. *Aspectos da Literatura Brasileira.* 6ª ed., São Paulo: Martins, 1978.

CAPAZ, Camil. *Raul Pompeia. Biografia.* Gryphus, 2001.

CARDOSO, Fernando Henrique. "Dos Governos Militares a Prudente-Campos Sales". *In*: *História Geral da Civilização Brasileira.* Tomo 3, v. I. São Paulo: Difel, 1975/77.

CARVALHO, José Murilo de. *A Formação das Almas. O Imaginário da República no Brasil.* São Paulo: Companhia das Letras, 1990.

CARONE, Edgard. *A Primeira República (1889-1930). Texto e Contexto.* São Paulo: Difel, 1969.

CORRÊA, Rubens Arantes. *O Pensamento Político de Raul Pompeia.* Guarapari: Ex Libris, 2008.

COSTA, Emília Viotti da. *Da Monarquia à República: Momentos Decisivos.* 3ª ed. São Paulo: Brasiliense, 1985.

COUTINHO, Afrânio [Org.]. *Raul Pompeia: Obras*. Rio de Janeiro: Civilização Brasileira, 1982. 9 v.

CUNHA, Euclides da. *Antologia*. São Paulo: Melhoramentos, 1966.

CURVELO, Mário [Org.]. *Raul Pompeia*. São Paulo: Abril Educação, 1981.

DOYLE, Plínio. "Nota Explicativa: Beleza e Drama na Selva Amazônica". *In*: POMPEIA, Raul. *Uma Tragédia no Amazonas*. São Paulo: Clube do Livro, 1964.

FAUSTO, Boris. *História do Brasil*. 9ª ed. São Paulo: EDUSP/FDE, 2001.

HEREDIA, José Lopez. *Matéria e Forma Narrativa de "O Ateneu"*. São Paulo/Brasília: Quíron/INL, 1979.

IVO, Ledo. *O Universo Poético de Raul Pompeia*. Rio de Janeiro: Livraria São José, 1963.

IVO, Ledo. *A República da Desilusão: Ensaios*. Rio de Janeiro: Topbooks, 1994.

LIMA BARRETO, Afonso Henriques. *Triste Fim de Policarpo Quaresma*. São Paulo: Klick, s/d.

LINHARES, Temístocles [Org.]. *Raul Pompeia: Trechos Escolhidos*. Rio de Janeiro: Agir, 1957.

PERRONE-MOISÉS, Leyla [Org.]. *O Ateneu: Retórica e Paixão*. São Paulo: Brasiliense/EDUSP, 1988.

PESAVENTO, Sandra Jatahy. *A Revolução Federalista*. São Paulo: Brasiliense, 1983.

PESSOA, Reynaldo Carneiro. *A Ideia Republicana no Brasil através dos Documentos*. São Paulo: Alfa-Ômega, 1973.

PINHEIRO, Francimar. *Angra dos Reis: Monumentos e História*. Angra dos Reis: Freitas Gráfica, 2001.

POMPEIA, Raul. *Uma Tragédia no Amazonas*. São Paulo: Clube do Livro, 1964.

POMPEIA, Raul. *As Joias da Coroa*. São Paulo: Clube do Livro, 1962.

PONTES, Eloy. *A Vida Inquieta de Raul Pompeia*. São Paulo: José Olympio, 1935.
PRADO JR., Caio. *Evolução Política do Brasil: Colônia e Império*. 13ª ed. São Paulo: Brasiliense, 1983.
QUEIROZ, Suely Robles Reis de. *Os Radicais da República: Jacobinismo, Ideologia e Ação 1893-1897*. São Paulo: Brasiliense, 1986.
REGO, José Lins do. *Conferências no Prata*. Rio de Janeiro: CEB, 1946.
REIS, Zenir Campos. "Opostos, mas justapostos". *In*: POMPEIA, Raul. *O Ateneu*. 6ª ed. São Paulo: Ática, 1974.
SCHMIDT, Afonso. *O Canudo (Raul Pompeia em São Paulo)*. São Paulo: Clube do Livro, 1963.
SCHWARZ, Roberto. *A Sereia e o Desconfiado: Ensaios Críticos*. 2ª ed. Rio de Janeiro: Paz e Terra, 1981.
TORAL, André. *Adeus, Chamigo Brasileiro: Uma História da Guerra do Paraguai*. São Paulo: Companhia das Letras, 1999.
VENTURA, Roberto. *Estilo Tropical: História Cultural e Polêmicas Literárias no Brasil*. São Paulo: Companhia das Letras, 1991.
VILLA, Marco Antonio. *O Nascimento da República no Brasil: A Primeira Década do Novo Regime*. São Paulo: Ática, 1997.

Outras obras da Coleção

Pensamento Americano

SILVA JARDIM

128 páginas

JOSÉ MARTÍ

144 páginas

JOAQUIM NABUCO

136 páginas

MONTEIRO LOBATO

88 páginas